笔墨之道

——书法背后的故事

徐　刚　编著

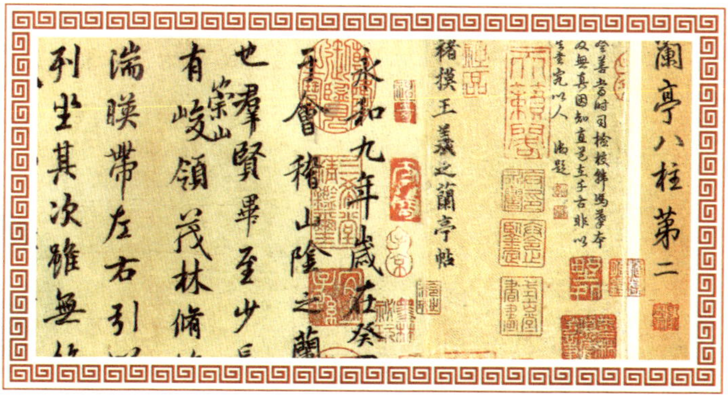

全国百佳图书出版单位
时代出版传媒股份有限公司
黄　山　书　社

图书在版编目(CIP)数据

笔墨之道——书法背后的故事 / 徐刚编著. — 合肥：黄山书社，2015.7
（古典新读 · 第2辑，中国古代的诗书意趣）
ISBN 978-7-5461-5146-5

Ⅰ. ①笔… Ⅱ. ①徐… Ⅲ. ①书法家-生平事迹-中国-通俗读物 Ⅳ. ①K825.72-49

中国版本图书馆CIP数据核字（2015）第175796号

笔墨之道——书法背后的故事
BIMOZHIDAO SHUFA BEIHOU DE GUSHI
徐刚 编著

出品人 任耕耘
总策划 任耕耘 蒋一谈
执行策划 马 磊
项目总监 高 杨 钟 鸣
内容总监 毛白鸽
编辑统筹 张月阳 王 新
责任编辑 王舒彦
图文编辑 晏一群
装帧设计 李 娜 李 晶
图片统筹 DuTo Time
出版发行 时代出版传媒股份有限公司（http://www.press-mart.com）
黄山书社（http://www.hspress.cn）
地址邮编 安徽省合肥市蜀山区翡翠路1118号出版传媒广场7层 230071
印 刷 安徽联众印刷有限公司
版 次 2015 年 12 月第 1 版
印 次 2015 年 12 月第 1 次印刷
开 本 710mm × 875mm 1/32
字 数 120千
印 张 4.75
书 号 ISBN 978-7-5461-5146-5
定 价 26.00 元

服务热线 0551-63533706
销售热线 0551-63533761
官方直营书店（http://hsssbook.taobao.com）

前言

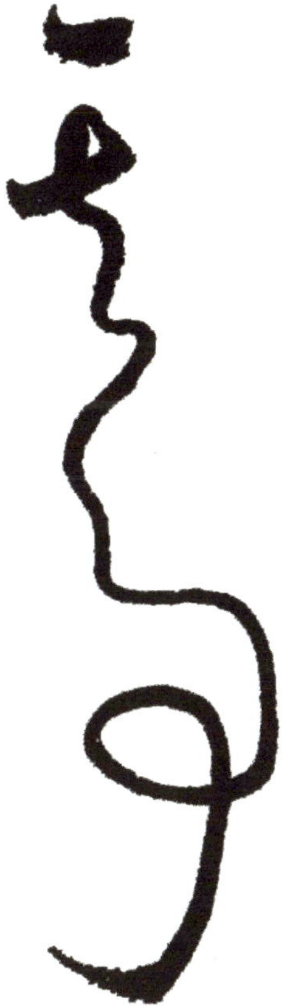

文字的出现，标志着人类进入文明社会。而早在汉字的产生阶段，中国的书法艺术就诞生了。这种以汉字为基础的书写艺术神奇而又灵动，它能借助文字的体势进行自由的舞蹈，于时淡时浓的墨迹间散发出迷人的艺术光彩。从最早的甲骨文、金文，演变到大篆、小篆、隶书，再到草书、楷书、行书诸体，这些历经数千年而沉淀下来的文字，在内容与书写形式上都让世人着迷。

中国书法自在两汉时成为一门独立的艺术形式，就受到了不同时期的历史文化影响，具有特定的时代烙印。晋人尚韵、唐人尚法、宋人尚意、元明尚态……凡此种种，都反映了一定时期的审美理想。这种带有浓厚历史底蕴的差异性让书法一直在沿革流变，并发展出丰富而复杂的技法。书法家更是借助极具个性的

书法艺术形式，自由地抒发情感。对他们来说，一幅作品的书写就是一次情感的宣泄。因此，若想读懂一幅书法作品的美，除了要了解每一个字在笔法、结体和章法上的精妙所在，还有必要了解这幅作品背后的故事。

《书法故事》以两汉到清代的著名书法家为轴心，选编中国历代书法家的趣闻，以及书法作品在创作、流传过程中的轶事。全书注重知识性和趣味性，希望让读者在充满愉悦的阅读中增长书法知识，提高书法修养，进而领悟书法的真谛。

目录

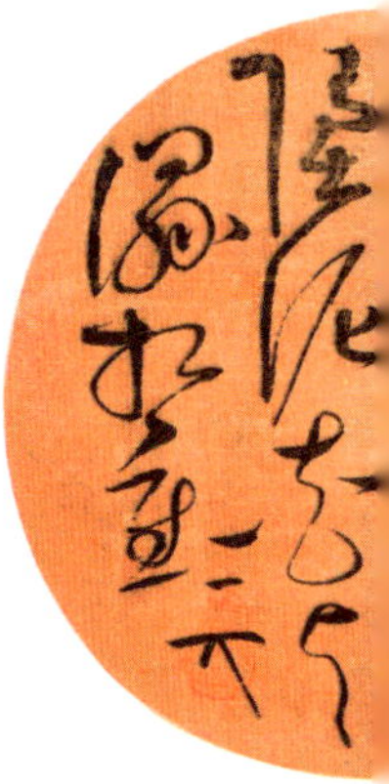

张芝：临池学书，池水尽墨

张芝为东汉时期的大书法家，以草书闻名于世，被誉为“草圣”。历史上关于张芝的记载极少，甚至他的生年也无从得知，只知道卒于汉献帝初平三年（192），但这一切并不影响其名字在中国书法史上熠熠生辉。三国时期的魏人韦诞就曾学习张芝的书法，并称赞其“超前绝后，独步无双”。东晋王羲之在评论汉、魏书法时，最推崇的前辈就是钟繇和张芝。

张芝出身于官宦之家，是东汉名将张奂的长子。《后汉书·张奂传》中讲述张奂时有这样一段文字：“长子芝，字伯英，最知名。芝及弟昶，字文舒，并善草书，至今称传之。”可见张芝在当时就已经声名远扬。在《书断》中也可看到张芝的身影，《书断》是一部评论书法和书法理论的著作，由唐代著名书画理论家张怀瓘著。此书在讲

狼毫笔（汉）

到张芝时说：“伯英名臣之子，幼而高操，勤学好古，经明修行，朝廷以有道征，不就，故时称张有道，实避世洁白之士也。”张芝作为名臣之子，节操高尚，腹有才华，但不慕仕途，多次谢绝朝廷征召而不愿做官，是一位避世的高洁之士，人称“张有道”。

不慕功名的张芝将全部身心都放在研习书法上。王羲之曾评价道：“临池学书，池水尽墨，好之绝伦，吾弗及也。”这句话不仅表现出王羲之对张芝的赞叹之情，同时也点出了历史上关于张芝的著名典故。张芝将练字地点选在一处池塘边，每天练完字后便在池子里清洗笔砚，日复一日，年复一年，原本清澈的池水竟然被墨汁染成了黑色。由此，后来的人们便将学习书法称为“临池”。张芝练习书法所付出的努力是常人无法想象的。相传张芝曾将家里刚织好、准备用来做衣服的白布拿去练字，直至写得完全看不清布料的原来经纬。

正是由于日积月累的努力，张芝在书法上特别是草书方面取得了

书法字体的演变

汉字在发展过程中，为适应社会发展和实际应用的需要，形成了篆、隶、楷、行、草五大书体。

篆书是甲骨文、金文和秦代小篆的统称。甲骨文，又称“卜辞”“殷墟文字”，是中国历史早期契刻在龟甲、兽骨上的文字，因当时书法还处于萌芽阶段，字体鲜有精美整齐者。不过，甲骨文的本身构形还是具有美感的，如对称、平行、均衡、整齐等都带有一定的艺术性。金文，又称“铭文”，是铸刻在青铜器上的文字。金文的形体结构有疏有密，比甲骨文方正整齐，笔画的分布更讲究均匀对称，而后世书法的主要章法布局形式，在金文中都已有雏形。小篆是在秦国流行的文字（大篆）基础上制定而成，为秦始皇统一中国后推行的官方标准字体。小篆字体呈长方形，笔画粗细等匀，圆活流畅，整体结构环抱紧密，

显得规整端庄、静穆凝重。在风格多样的中国书法中，小篆独具面貌，直到现在仍然为广大书法爱好者所喜爱。

隶书为汉代的通用字体，但在战国后期就已经萌芽，也是秦朝民间的通用字体，便于书写。隶书的诞生和发展，打破了篆书曲屈回环的形体结构，使书法艺术逐渐形成了一门独立的艺术。在用笔上，隶书出现了真正的方折之笔，与圆转之笔交错相杂而相互融合，笔画特征丰富多彩。点画间开始有粗细较为明显的变化与差别，形成了错落有致的布局。与篆书严谨沉着的静态美相比，隶书表现出了张扬放逸的动态美。

“马”字的变化

楷书是由隶书演变而成的一种端庄、工整的字体。楷书产生于汉末，从魏晋南北朝开始逐渐取代隶书而成为中国通行的正式字体，一直沿用至今。楷书是风格最多变的书体：从字形的大小上分为大楷、中楷、小楷;从时代风格上可大致分为“魏碑(魏体)”和“唐楷”;从名家的个人风格上分,则有“欧体”“颜体”“柳体”“赵体”等。楷书虽然脱化于隶书，但又具有隶书明显不同的风格特点,不仅基本点画形态比隶书丰富,有点、横、竖、撇、捺、钩、挑、折八种基本点画，而且体势多呈长方形，结体也比隶书紧密。

行书是楷书的快写形式，是介于楷书和草书之间的一种字体。行书之所以取名为“行”，是根据其本身所表现出来的生动活泼的风格特点来定的。行书从字形结构到点画用笔都力求比楷书省简、便捷，同时在书写的字里行间经常表现出一种流动的形态。行书又是一种形体灵活多变的字体，在保持楷书体势的前提下，行书的结字很自由，有时连字的笔画也可多可少，因此往往一个字就有几种不同的写法。它可以含楷书的成分多些,称为“行楷”;也可以含草书的成分多些,称为“行草”。

现在一般所说的草书是专指汉字形体演变的过程中与隶书和楷书相对应的快写形式。草书以其时代和体势的不同，又有章草、今草、狂草之分。章草产生并流行于汉代，是对隶书有条理、有法则、潦草而明快的速写体。章草字基本保持了隶书的体势和用笔，而且字的大小均匀，字字独立，上下两个字绝不连笔，章法取直行纵势。今草到魏晋时已发展成熟，是楷书（包括行书）的辅助快写字体，一经出世就受到书家们的青睐，沿用至今。狂草是比一般今草更加潦草狂放的草书，它表现地不只是单个字的体势,更着意于表现通篇气韵的豪迈奔放。

非凡的成就。在张芝之前，草书还处于初创之时的章草形态，字字区别，笔画分离。张芝省减了章草的点画波磔，使草书变得上下牵连，富于变化，由此创立今草。到了唐代，今草变得更加放纵，笔势连绵环绕，字形以奇为妙，变化百出，演变成狂草。可见，张芝创造的今草起到了承上启下的作用。

张芝的草书特色主要体现在《冠军帖》中，其历来被学习书法的人奉为练习草书的范本。此帖刻本刊于北宋《淳化阁帖》，但是《淳化阁帖》中记载《冠军帖》为张芝所书，历史上一直存在争议。宋代黄伯

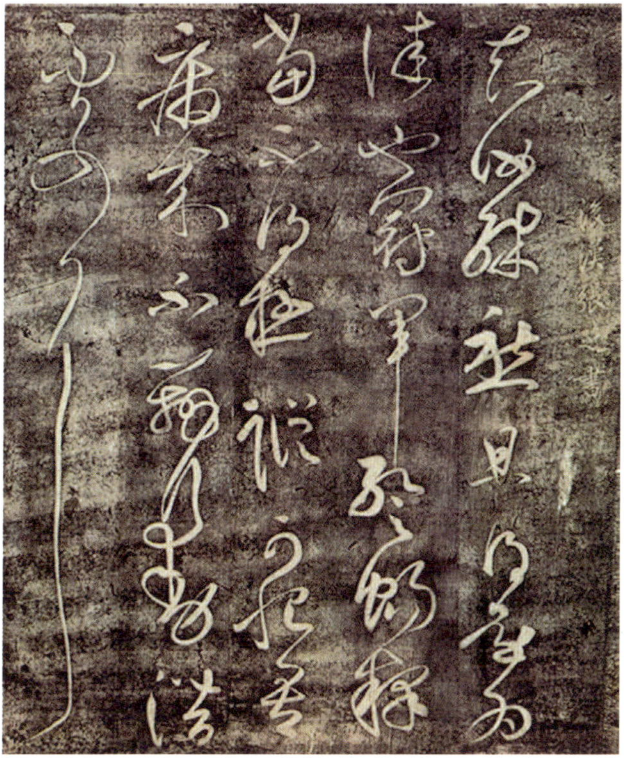

《冠军帖》【局部】张芝（东汉）

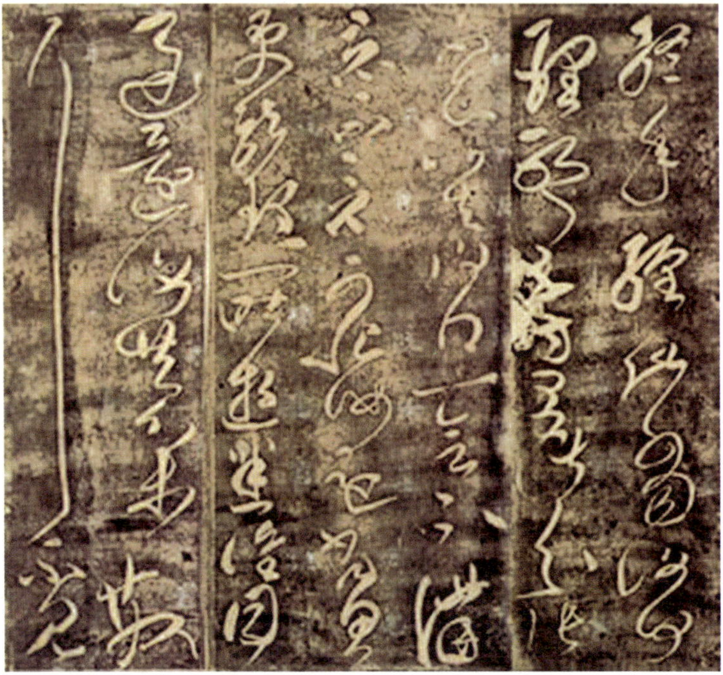

《终年帖》【局部】张芝（东汉）

恩在书法专著《法帖刊误》中就怀疑这是一篇伪作。根据《冠军帖》的释文：“知汝殊愁，且得还为佳也。冠军暂畅释，当不得极踪。可恨吾病来，不辨行动，潜处耳。终年经此，当议何理耶？且方友诸分张，不知以去复得一会。不讲忘不忘，可恨汝还，当思更就理。所游迷，谁同故数往虎丘，不此甚萧索，看过还议，共集散耳。不见奴，粗悉书，云见左军，弥若论听故也。”黄伯恩认为其内容与王羲之、王献之所书部分法帖内容类似，由此怀疑此帖是后面二人的作品。如今，甚至有人直接指出《冠军帖》是王献之在家养病期间，临终前一年写给东晋名将谢玄的书信。

关于《冠军帖》的作者，历史上还有其他说法。北宋书画家米芾认为《冠军帖》是唐代草书大家张旭的作品。清代王澍更是在《淳化秘阁法帖考》中断定其为伪作的同时，甚至否定了它的艺术价值。其实抛开一切争议，观《冠军帖》全貌，无论从用笔、结字、行气，还是整体章法，都无可挑剔，绝对是大家手笔，其精妙的艺术价值不容诋毁。张芝传世的墨迹极少，而《冠军帖》身上又存在如此多的疑问与争议，更使得它引人关注。

《冠军帖》用笔淋漓酣畅，法度严谨，可见作者控笔的能力堪称完美。每一个字的点画都起止分明，收放有度，点画处的“实”与牵丝处的“虚”相得益彰。字势奇崛，具有振人心神的力量。结字常常有巧思，比如“散”字险绝，“见”字内敛，“粗”字中“米”字旁的右上一点置入“且”字的左上角，令人称绝。

除《冠军帖》外，《终年帖》《八月帖》也传为张芝作品。南朝梁武帝说张芝的书法正如汉武帝喜爱道家之法，“凭虚欲仙”。唐代李嗣真更是称赞张芝的草书为逸品：“伯英（张芝）章草似春虹饮涧，落霞浮浦；又似活雾沾濡，繁霜摇落。”张芝书法之美，可见一斑。

钟繇：盗墓谣传，佳作遇死劫

在中国有史记载的数千年中，盗墓事件数不胜数。如三国时的曹操甚至在军队中设立专门的盗墓队伍，盗掘古墓中的财物以支持庞大的军费开支。魏晋时期的社会名流、著名的书法家钟繇也是一个“盗墓狂人”，但他并不是为了盗取钱财，而是为了一部论述书法的著作——东汉末年书法家蔡邕的《笔法》。

钟繇为《笔法》盗韦诞之墓的故事还要从钟繇其人说起。钟繇（151—230），字元常，颍川长社（今河南长葛）人，生于社会纷乱的东汉末年，年轻时举过孝廉，累迁廷尉正、黄门侍郎、尚书仆射、侍中、司隶校尉，可谓官运亨通。作为曹操帐中的一名智囊，钟繇文韬武略，备受器重。曹魏代汉后，钟繇又官封太尉，爵至乡侯，位列三公，子孙也都封列侯。在魏晋论门第、尚清谈的时代，钟繇无疑是上流社会最负盛名的名流雅士。

钟繇像

《宣示表》刻本【局部】钟繇（三国）

《宣示表》是钟繇著名的小楷法帖，真迹不传于世，如今只有刻本。

政坛上表现出色的钟繇在书法上也有极高的修为，是当时著名的书法家，与东晋大书法家王羲之并称“钟王”。据史书记载，钟繇的书法“宗曹熹、蔡邕、刘德升，博采众长，自成一家，尤精于隶、楷”。钟繇的楷书是对隶体的完全解放，在点画安排、结构布置上焕然一新，使楷书成为一种有章可循、有规可依的崭新书体。由于钟繇的努力，在他之后的王羲之、王献之所创楷书新体才能有所依傍，因此他成为隶书到楷书转变时期的书法家代表。

钟繇之所以能在书法上取得如此高的成就，得益于早年的勤奋学书。钟繇少年时拜在刘德升门下，十余年不曾回过家，后来又跟随刘胜在抱犊山学习书法，这一学又是三年。钟繇在去世前也曾对儿子钟会说："我这一生并没有其他成就，三十多年来都将时间花在了思考和练习书法上。晚上睡觉时，手在被子上摹画，日子长了，被子就被磨破了……"钟繇对书法的"痴"可见一斑。

钟繇非常推崇东汉书法家蔡邕，其隶书便是师法蔡邕。蔡邕精于篆、隶，是"飞白体"的创始人，撰有关于书法理论的著作《笔论》。但蔡邕一生仕途坎坷，几经沉浮，晚年更因在尚书令王允家的宴席上，对董卓被诛一事抒发感叹而被下狱，最终死在狱中，时年 60 岁。蔡邕被杀后，凝结他毕生书法心得的《笔论》辗转落到书法家、制墨家韦诞的手中。

飞白之美

飞白体是书法中的一种特殊笔法，在行书和草书中运用较多，而在楷书、隶书和篆书中很少运用。飞白体由东汉书法家蔡邕所创。相传有一日，蔡邕在鸿都门看到工匠用扫帚蘸白粉刷字，突然受到启发，回家后就创造了这种字体，"取其发丝的笔迹谓之白，其势若飞举者谓之飞。"其特点是有的笔画中丝丝露白，像枯笔所写，与浓墨、涨墨产生对比，使整幅书法作品呈现出极强的韵律感和节奏感，能让人领略到心旷神怡的笔画之美。此后，汉魏宫观题字广泛采用这种字体，如南朝梁武帝在建造寺院时，就曾令其子萧子云在寺中以飞白体写了一个大大的"萧"。飞白还受到了文人墨客的推崇，东晋王羲之、王献之，唐代颜真卿、欧阳询、怀素，北宋米芾，元代赵孟頫，无不善书飞白，而且各有千秋，独具自身风格。

据成书于西晋的古书《志林》记载，钟繇和韦诞同殿称臣。一次，钟繇到韦诞家做客，在席间与曹操、邯郸淳、孙子荆等人谈论书法。也是在这次聚会上，钟繇见到了《笔论》。一向仰慕蔡邕的钟繇向韦诞提出要将此书借回去拜读，韦诞舍不得，一口就回绝了。钟繇又提出可以重金购买，结果又遭到韦诞的断然拒绝。钟繇想尽各种办法也没能得到《笔论》，最后竟然气得捶胸顿足，当场吐血，以致昏死过去，幸好曹操以灵药五灵丹才将其救活。韦诞去世不久后，钟繇便雇佣有名的盗墓贼盗掘了韦诞之墓，得到心之向往的《笔论》。此后，钟繇日夜精心研读，终于茅塞顿开，领悟到了蔡邕书法“多力丰筋者圣，无力无筋者病”的精髓，并开始照此练习，书法果然突飞猛进。

位于河南许昌长葛田村的钟繇墓
（图片提供：FOTOE）

然而，钟繇盗墓之说却经不起史实的推敲。正如上文中提到的，钟繇盗墓得蔡邕遗书的故事见于《志林》。但《志林》成书时间比钟繇所在年代晚许多年，而且其作者虞喜并不是研究历史的学者，可见《志林》不过是笔记小说，真实性值得商榷。再从时间上看，韦诞卒于嘉平五年（253），钟繇卒于太和四年（230），这两个时间都是有史记载的。韦诞死时钟繇早已作古，当然不会出现钟繇盗韦诞墓的怪异之事，因而《志林》中记载的钟繇盗墓故事纯属无稽之谈。唐代绘画理论家张彦远在《法书要录》中写道，钟繇的书法得传于蔡文姬。蔡文姬是蔡邕之女，她的书法自然是学自其父蔡邕，所以钟繇的隶书尽得蔡邕隶书之精要，这种说法似乎更合乎情理。

对于钟繇的书法成就，明末清初人顾复在《平生壮观》中有一段话："汉魏之交，分隶初变真行。钟元常（钟繇）苦攻笔法，至于呕血不顾，为古今书人第一。距今一千六百年，其墨迹见闻于世者，惟《季直》一表耳。"这里说的《季直》就是《荐季直表》。

《荐季直表》是钟繇向已经称帝的曹丕推荐旧臣季直的一篇表奏。原文如下："臣繇言：臣自遭遇先帝，忝列腹心。爰自建安之初，王师破贼关东。时年荒谷贵，郡县残毁，三军馈饷朝不及夕。先帝神略奇计，委任得人，深山穷谷，民献米豆，道路不绝，遂使强敌丧胆。我众作气，旬月之间，廓清蚁聚。当时实用故山阳太守关内侯季直之策，克期成事，不差豪发。先帝赏以封爵，授以剧郡。今直罢任，旅食许下。素为廉吏，衣食不充。臣愚，欲望圣德录其旧勋，矜其老困，复俾一州，俾图报效。直力气尚壮，必能夙夜保养人民。臣受国家异恩，不敢雷同。见事不言，干犯宸严。臣繇皇恐皇恐、顿首顿首。谨言。"帖中，钟繇详细叙述了季直在关中时为曹魏政权的建立所作的贡献，以及季直罢官后面临的生活困境，同时请求皇帝给季直一官半职，使其继续为国效力。

《荐季直表》为楷书，布局空灵，结体疏朗，体势横扁，尚有隶意，历来一直被书法收藏家视作珍宝，因而卷上有大量藏家印记。到清代时，乾隆皇帝命人将宫中内府收藏的书法名作摹刻成《三希堂法帖》，其中《荐季直表》被列为冠首篇。此帖的古雅之态的确非六朝之后的人能够达到，得到历代书画家的好评。明代书画家陆行直评价

《荐季直表》刻本【局部】钟繇（三国）

道：“繇《荐季直表》高古纯朴，超妙入神，无晋唐插花美女之态。”宋代岑宗旦在《书评》中称赞“如盛德君子，容貌若愚”。

细观《荐季直表》，为极细的小楷，古人说“大字难于结密而无间，小字难于宽绰而有余”，钟繇却做到了。整篇章法疏朗，结体宽绰，质朴之中又见灵动。用笔清晰有余，变化多端，或长横长撇，或短竖屈勾，错落有致，使满幅小楷趣味盎然，蕴含丰富的美。唐代及之后的人写楷书，都缺了钟繇这种古雅与错落，难怪北宋书法家黄庭坚说：“钟繇小字笔法清劲，殆欲不可攀。”此外，《荐季直表》中也有许多行书笔意，如“得”“帅”“郡”等字均有连笔，正如孙过庭所评价的“钟不草而使转纵横”。

《荐季直表》在漫长的流传过程中经历了一段又一段曲折的故事。有时躺在某个藏书家的密室，有时又被收藏于皇宫内院的库房，甚至数次落入商贾之手。如《荐季直表》在明代时被书画家陆行直得到，后又流转到书画家沈周的手中，并被收藏家华夏刻石后墨拓编入《真赏斋帖》。到了清代，《荐季直表》被收入宫廷内府。乾隆皇帝于 1748 年还在上面题字，说此帖“经今千数百年之久，纸墨尚完好不渝”，可见《荐季直表》在历任收藏者手中都得到了极好的保护。

《荐季直表》惊心动魄的历程是从咸丰十年（1860）开始的。当时英法联军入侵北京，火烧圆明园，《荐季直表》也被英军盗走。而在第二年，一个不识货的英军士兵将它以很低的价格卖给了南海岳雪楼楼主孔广陶。光绪六年（1880），喜爱收藏书画的裴景福在北京琉璃厂买到一支用碧玉色汉玺改制而成的书签，上面镌刻“乾隆御赏钟繇荐季直表真迹”。据此，裴景福判断出原藏于皇宫内院的《荐季直表》已经流落民间，并在几经波折后寻到孔广陶家中。裴景福向孔广陶表达了自己想一观《荐季直表》真容的想法，但遭到孔广陶拒绝。这样一幅千年墨宝，孔广陶当然不会轻易拿出来示人。但事情后来还是出现了转机，由于孔广陶经办盐务亏空，需要大笔银钱，裴景福才顺利以千金之价购得这幅墨宝。历经二十载春秋，《荐季直表》与御题碧玉签终于再次合璧。

不过，到了裴宅中的《荐季直表》却真正遇上了它的死劫。裴景福家中有一个佣人，知道《荐季直表》价值千金后，竟然将它盗去。还没等佣人将《荐季直表》偷偷带出裴宅，裴景福就发现《荐季直表》丢失，因而立即报了官。佣人害怕，为免恶行暴露，便用油纸包裹《荐季直表》而埋入地下。一年后，《荐季直表》被挖出来时已经变得腐烂不堪。一幅完好保存一千多年的珍贵书帖最后被一个贪婪之人所毁，令人扼腕叹息。

陆机：千年墨宝《平复帖》

陆机（261—303），字士衡，吴郡（今江苏苏州）人，祖父、父亲分别是三国东吴大将陆逊和陆抗。陆机 14 岁时，父亲战死沙场，他与弟弟分领父兵，任牙门将，东吴灭亡后便隐退故里，闭门十载。直到西晋太康十年（289），陆机、陆云两兄弟才来到洛阳，文才惊动一时，以至有“二陆入洛，三张（张华、张载、张协）减价”之说。尽管陆机“少有奇才，文章冠世”，但入晋后终免不了成为政治斗争的牺牲品，最后死在“八王之乱”中，陆氏三族也被成都王司马颖诛灭。

陆机像

名士已死，所幸真迹仍在。陆机的《平复帖》是现存年代最早并且流传有序的名家法帖真迹，距今已有一千七百多年的历史，有“法帖之祖”的美誉。其实比陆机生活年代更早的书法家并不少，如李斯、张芝、钟繇、皇象等，但他们都没有真实可信的墨迹流传，如今见到的古代书法作品，或为石刻，或为墨迹。但石刻本身就是翻版之作，再加上自然力的“摧残”，与原作者手书墨迹更是日渐相去甚远。再看墨迹，年代早于《平复帖》并能留传至今的墨迹并非没有，但书家都没有署名，故流传有序的《平复帖》愈显珍贵。

《平复帖》是陆机以秃笔蘸墨书于麻纸之上，大小仅尺许，纵23.7厘米，横20.6厘米，共9行，现藏于北京故宫博物院，因文中有“恐难平复”一句，故而得名。《平复帖》的字体为草隶书，但无挑波，介于章草与今草之间，应当是当时流行的一种实用书体，因而它也成了汉字由隶书向楷书过渡的重要佐证。同时其风格平淡质朴，字与字不相连属，犹存隶意。清代吴升在《大观录》里说《平复帖》为“草书，若篆若隶，笔法奇崛”。

《平复帖》流传至今，难免有损，有些文字已经无法辨认。历代皆有许多大学者试图对书帖进行辨识，然而此帖奥妙难解，很长时间内都没有破解。比如明代大收藏家张丑倾尽全力，也只释出14个字而已。所幸到了近代，著名学者、书法家启功完成了通释：“彦先羸瘵，恐难平复，往属初病，虑不止此，此已为庆。承使唯男，幸为复失前忧耳。吴子杨往初来主，吾不能尽。临西复来，威仪详跱。举动成观，自躯体之美也。思识□（量）之迈前，势所恒有，宜□（称）之。夏伯荣寇乱之际，闻问不悉。”从内容上看，《平复帖》是陆机写给友人彦先的一封问候疾病的书札。虽然陆机写得随意，字形潦草，但隔着近2000年的时光，人们仍能感受到陆机对友人的关心。

从《平复帖》上的题跋、印玺略可知其历代递藏情况。宋代入宣和内府，帖上钤有宋代“宣和”“政和”印玺，上有宋徽宗赵佶的泥金题签；明万历年间（1573—1620），被韩世能、韩逢禧父子收藏，再归收藏家张丑；清代归入乾隆内府，乾隆皇帝又将其赐给皇十一子成亲王永瑆；到光绪年间（1875—1908），为恭亲王奕䜣所有，后传

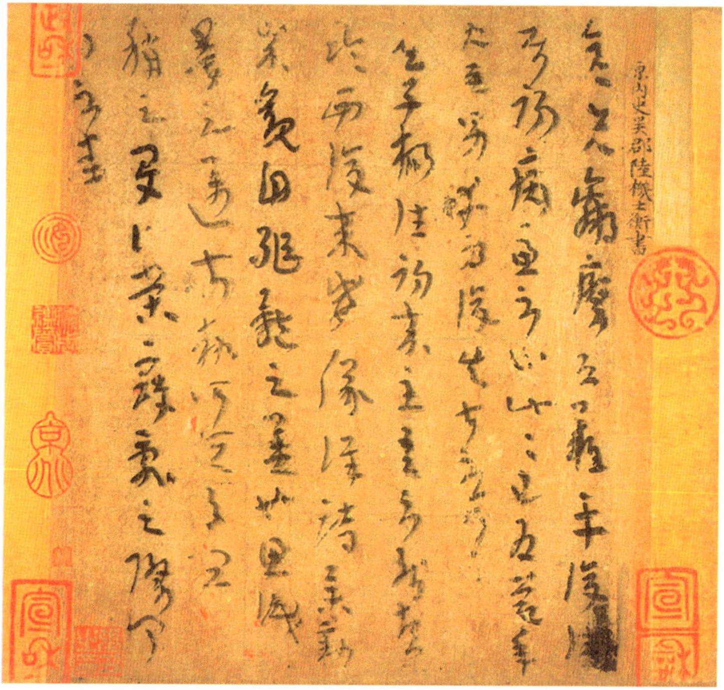

《平复帖》陆机（西晋）

至其嫡孙溥伟、溥儒之手。至此，一段传奇故事开始了。

爱新觉罗·溥儒是著名的国画大师，与张大千有“南张北溥”之誉，又与吴湖帆并称“南吴北溥”。20 世纪 30 年代，社会动荡不安，这位昔日的皇室后裔也只有忍痛变卖祖上留下来的名贵字画维持一家人的生活。1937 年，溥儒的母亲去世，为给母亲办一个体面的丧礼，他计划出售《平复帖》。消息一出，四方皆惊，收藏家、古董商和为外国人做捐客的中间商，或为保护中华文化，或为谋取利益，都想找溥儒商谈转手事宜。这些人中，有一位名叫张伯驹。

张伯驹为金融巨子和大收藏家，生于官宦世家，与张学良、溥侗、袁克文一起被称为“民国四公子”。在很早之前，他就听说溥儒家中藏有《平复帖》真迹，曾嘱托溥儒千万不可让这幅“法帖之祖”离开国土，落入外国人之手。张伯驹甚至动过购买《平复帖》的心思，只是溥儒开出了 20 万银元的高价，非常人之力所能及。张伯驹并不放弃，找盐业银行的老板借了 6 万银元，并找国画大师张大千从中说合，但溥儒仍然不肯松口。万般无奈之下，张伯驹只能作罢。

这一次，听闻溥儒公开出售《平复帖》，张伯驹的一颗心高高悬了起来。因为他听到消息说，日本人为了得到这幅千年墨宝也在频繁活动。溥儒家中，为日本人求购《平复帖》的掮客更是纷至沓来。张伯驹寝食难安，却无计可施。好在溥儒听说张伯驹为抗日而捐款 10 万，感动于张伯驹的爱国举动，最后决定将《平复帖》转让给张伯驹。当时，已经有日本人愿意出 20 万银元购买《平复帖》，但决心已定的溥儒无论如何也不答应和日本人交易，他甚至亲自拿着《平复帖》到张伯驹府上。最后，张伯驹在夫人潘素的支持下，变卖首饰，将 4 万元款项交到了溥儒手中。得到《平复帖》后，张伯驹视若“头目脑髓”，秘密收藏。后来，一个古董掮客在日本人的示意下，向张伯驹出价 30 万大洋索购《平复帖》。但遭到张伯驹的断然拒绝：“黄金易得，国宝无二，万一流落海外，我岂不成了千古罪人！”

1941 年初，张伯驹在上海家门口被几个蒙面人绑架，绑匪开出了 300 万元伪币的赎金。张伯驹的夫人潘素四处借债，但面对 300 万巨款却无从着手。绝望之际，她想到了张伯驹收藏的字画，但她也知道这些字画都是张伯驹的生命，一时不知如何是好。此时，绑匪捎话说张伯驹绝食数日，已经陷入昏迷，让张夫人去一趟。夫妻相见，潘素心疼于丈夫的虚弱，而张伯驹只是一再叮嘱绝不可变卖家中所藏的古字画。张家拿不出 300 万赎金，绑匪拿不到赎金便不放人。幸好绑匪并非是要张伯驹的性命，而是一心求财。8 个月后，绑匪终于妥协，

张伯驹与夫人潘素在北京的故居

将赎金降到40万。潘素四方借贷，终于凑够钱财将张伯驹赎了出来。

绑架事件发生后，张伯驹深感上海不是久住之地。为了家人安全，更为了家中藏品的安全，他决定举家避乱西迁，前往西安。为确保所有古代书画的安全，张伯驹和夫人潘素将《平复帖》《游春图》等一件件小心地缝入衣被，带着北上。夫妻二人长途跋涉，一路担惊受怕，终于安全到达西安家中。

1956年，张伯驹和妻子潘素商量后，将《平复帖》连同其他7件珍藏十多年的古代书画作品无偿捐献给了国家。他在《丛碧书画录》里叙述了自己收藏古代书画的目的："予所收藏，不必终予身，为予有，但使永存吾土著人，世传有绪。"正是由于张伯驹的深明大义，《平复帖》等名作才得以流传至今。

王羲之：最雅的名士，最美的书法

王羲之像

王羲之（303—361，一作321—379），字逸少，原籍琅琊临沂（今属山东临沂）人，后迁居会稽山阴（今浙江绍兴），晚年隐居在剡县金庭。王羲之是东晋声名卓著的名流雅士。其伯父王导辅佐琅琊王司马睿建立东晋，由此使琅琊王氏成为天下第一旺族。王氏在东晋王朝中势力强大，权力最盛时，朝中四分之三以上的官员都出自王家或者与王家相关，王氏家族可谓权倾一时。生长在如此名门望族之中，处于人人喜好清谈与书画诗赋的年代，王羲之注定要成为一位高士。

翻开史料，可以找到许多关于王羲之的逸事趣闻。如“东床快婿”的源起就与王羲之有关。这个典故出自笔记小说《世说新语》：东晋太尉郗鉴有女名郗璇，相貌出众，颇有才华，被郗鉴视为掌上明珠。当郗璇到了婚配年龄，郗鉴开始将女儿的婚姻当成第一要紧之事，一心想着要从世家子弟中挑一个好儿郎做女婿。郗鉴首先想到了丞相王导家的子侄，他早就听说王家男儿个个才貌俱佳，于是派门客给王导送去一封书信，大概说明择婿的意思。王导的回信很干脆："请您到我家的东厢房随心意选一个吧。只要是您相中的，不管是谁，我都同意。"之后，这位门客又担上了挑选郗家女婿的重任。王家子弟听说郗太尉派人前来择婿，个个都整理好仪容，一心要将最好的一面展示出来。当门客缓步走进东厢房时，这些青年才俊因一心想做太尉女婿，不免神情凛然，紧张拘谨。但王羲之却躺在东边床上，衣襟大敞，一边喝茶，一边看书，仿佛完全不知道有人来择婿。原来，王羲之当天出门观赏东汉大书法家蔡邕的古碑去了，沉浸其中，完全忘了还有相亲这回事。他回到相府后，意犹未尽，又躺在床上接着研究蔡邕的书法，以致没有注意到门客的身影。门客回到郗府，把在王府中所见细细回禀，当然也详细叙述了王羲之的奇怪举动："王家的二十多位公子，人人都争先恐后，唯有这位公子完全若无其事。"郗鉴听后拍了一下大腿说道："哎呀，这就是我要找的女婿呀。"后来，郗鉴亲自见到了王羲之，更加认定此人既豁达文雅，而且又仪表堂堂，才华横溢，当场就定下了结亲的事。就这样，王羲之做了郗家的"东床快婿"。

王羲之爱鹅，他认为养鹅不仅能陶冶情操，还能从鹅的体态姿势上领悟到执笔、运笔的道理，认为"写尽三江水，难书此一鹅"。其书法作品《黄庭经》的问世就与鹅有关。此典故见于《晋书·王羲之传》：王羲之住在会稽郡时，偶然听说有一位独居老人养了一只鹅，这只鹅的叫声非常好听，非一般鹅所能比拟，于是王羲之便约好友前往观看。老人听说闻名天下的大书法家要来，非常高兴，但一时之间也备不上美味酒菜招待贵客，便将家里养的鹅宰了，烹煮好后用来待客。王羲之踏进老人家的院门，结果发现那只善鸣的鹅已经成了一盘美味，叹惜不已。后来，他又听说会稽郡山阴县有一个道士养了一群

「王羲之玩鹅」马远（南宋）

好鹅，于是慕名前往，并提出想高价购买。道士说：“再多的钱也换不来我这鹅，但阁下若能给我写一部道家养生修炼的经文，这些鹅我全部奉送。”王羲之立即研墨铺纸，欣然提笔，写成《道》《德》之经，后因再三流传，就变成了《黄庭经》。观《黄庭经》一书，以小楷纵行书写而成，运笔流畅，结构完美，气势俊逸，古意盎然；字形大小不一，错落有致，有的地方还有脱落添加的现象，却丝毫没有做作之气，十分自然谐调，历来被视作学习小楷的范本，有“初学《黄庭》，恰到好处”一说。可惜《黄庭经》真迹已不存世，如今人们看到的都是后世的摹刻本。

王羲之在书法史上的地位无人能及，擅长隶书、草书、楷书、行书等各种书体。他的书法风格平和自然，笔势委婉含蓄，遒美健秀，符合当时人们追求的中和居淡的审美意趣。梁武帝萧衍曾评价道：“王羲之书，字势雄逸，如龙跳天门，虎卧凤阙。”王羲之的书法启蒙老师为父亲王旷，后来又拜在著名书法家卫夫人门下。卫夫人出身于当时的书法世家河东卫氏，写下流传千古的书论名篇《笔阵图》，她帮助王羲之奠定了学习书法的基础。少年时期，王羲之也潜心研究前代书法名家的真迹，草书学张芝，楷书学钟繇，又遍习蔡邕、梁鹄、张昶等人的书法。他博采众长，精研体势，尽可能接触更多的书法风格，又不被任何樊篱所束。比如，王羲之的小草就有别于张芝的，张芝草书被称为“一笔书”，外形连贯，而王羲之的草书则是若断还连，笔断意不断。再比如，王羲之学习钟繇的隶书，减少了钟繇楷书中的隶意，去掉了隶书的波挑，结体也化扁平为方整，从而完成了隶书向楷书嬗变的最后一步，这也是他在书法上的一大功劳。总之，王羲之改变了汉、魏以来一直流行的朴质书风，创造了一种妍美流便、俊逸神妙的新体书，影响了此后一千多年内中国书法的发展道路。

梳理中国书法史，不难发现，魏晋以前书法的演变是以书体的演变为主线。从魏晋开始，书法艺术进入了一个全新的时代，呈现出文人流派书法的沿革，而王羲之则是此风的开山鼻祖。王羲之妍放疏妙的书法艺术品味在当时不仅受到了东晋士大夫的喜爱，此后更是受到了历代文人的心摹手追，因此成为后世帖学两大派系的师祖。如释智永、虞世南、陆柬之、蔡襄、赵孟頫、文征明、董其昌等继承了他平和秀逸的书风；王献之、欧阳询、李邕、米芾、王铎等接受了他欹险峭劲的风格。可以说，历代书家都直接或间接地受到了王羲之的影响。

最能体现王羲之书法成就的是《兰亭集序》。此书无论章法、结构还是笔法都堪称完美，被誉为“天下第一行书”。它作于永和九年（353）三月初三，是日王羲之与谢安等 41 位社会名流在会稽山

《兰亭集序》释文

永和九年，岁在癸丑，暮春之初，会于会稽山阴之兰亭，修禊事也。群贤毕至，少长咸集。此地有崇山峻岭，茂林修竹，又有清流激湍，映带左右，引以为流觞曲水，列坐其次。虽无丝竹管弦之盛，一觞一咏，亦足以畅叙幽情。

是日也，天朗气清，惠风和畅。仰观宇宙之大，俯察品类之盛，所以游目骋怀，足以极视听之娱，信可乐也。

夫人之相与，俯仰一世。或取诸怀抱，悟言一室之内；或因寄所托，放浪形骸之外。虽趣舍万殊，静躁不同，当其欣于所遇，暂得于己，快然自足，不知老之将至。及其所之既倦，情随事迁，感慨系之矣。向之所欣，俯仰之间，已为陈迹，犹不能不以之兴怀。况修短随化，终期于尽。古人云：“死生亦大矣。”岂不痛哉！

每览昔人兴感之由，若合一契，未尝不临文嗟悼，不能喻之于怀。固知一死生为虚诞，齐彭殇为妄作。后之视今，亦犹今之视昔，悲夫！故列叙时人，录其所述。虽世殊事异，所以兴怀，其致一也。后之览者，亦将有感于斯文。

浙江绍兴兰亭

阴兰亭（今浙江绍兴市郊）行“修禊”礼，以除晦气。修禊为民间习俗，是在水边举行的祈福仪式，用香薰草蘸水洒在身上，或沐浴洗净污垢，祈求消除灾病与不祥。但兰亭集会并不是普通的修禊，而是一场书法家、文学家等的盛会。这些名流饮酒赋诗，共作诗赋 26 首，最后由王羲之写序文，即为中国书法史上的著名作品《兰亭集序》。此帖相传之本共 28 行，324 字，运笔跌宕起伏，有藏有露，变幻莫测。结体欹正多变，章法有疏有密，字形宽窄相间，错落有致，给人一种流动的美。提到字法结构的巧妙，当属帖中的 20 个“之”字。如此多的“之”字，如果字形过于相近，难免会给人呆滞的感觉。然而，要求每一个“之”字都要有变化，又有困难，但王羲之做到了。这些“之”字或团抱紧收，或断而复连，或舒展开朗，每一个“之”字的形态都与它附近的字关联照应，形成一种和谐活跃的气氛。米芾在谈到《兰亭集序》中的“之”字时说：“廿八行，三百字，之字最

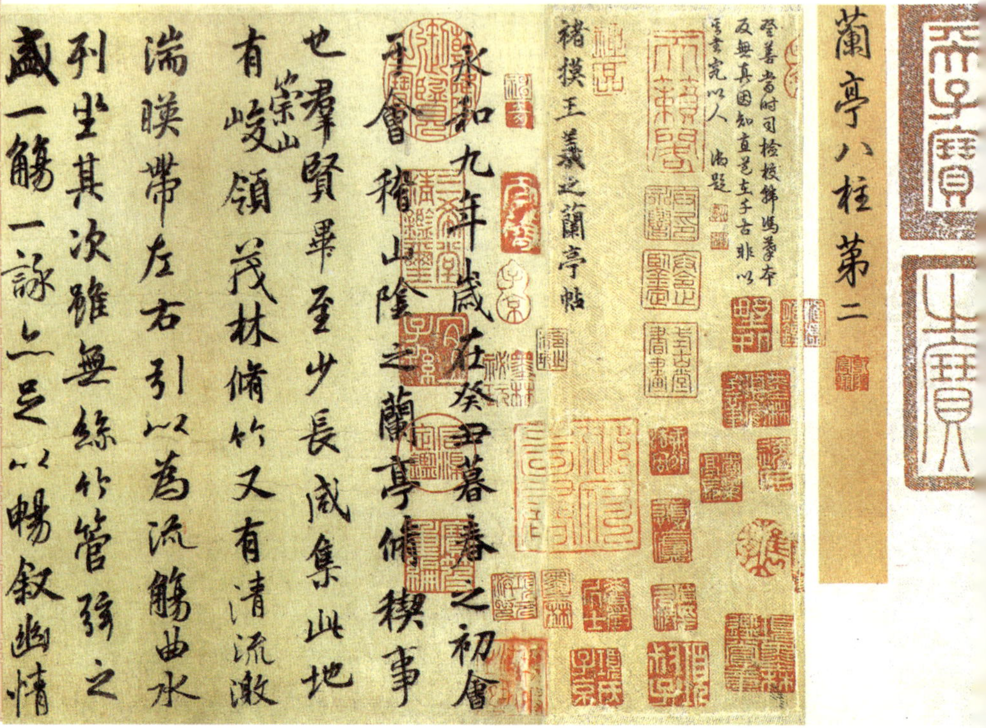

《兰亭集序》摹本【局部】褚遂良（唐）

多无一似。”

《兰亭集序》是王羲之饮酒后的即兴之作，洒脱自然，如行云流水一泻千里，看不出一丝一毫的矫饰。王羲之本人对这件作品也非常满意，日后还想再写得更好一些，然而写了一百多张，也没有哪一张能够比得上。此外，《兰亭集序》还是一篇千古传颂的美文。当时，微醺之后的王羲之文思泉涌，所写序文立意深远，语言流畅，文笔清新自然。

然而，到1600多年后的今天，王羲之已无任何真迹传世。《兰亭集序》也在唐代散佚。事实上，《兰亭集序》自王羲之去世后便被视

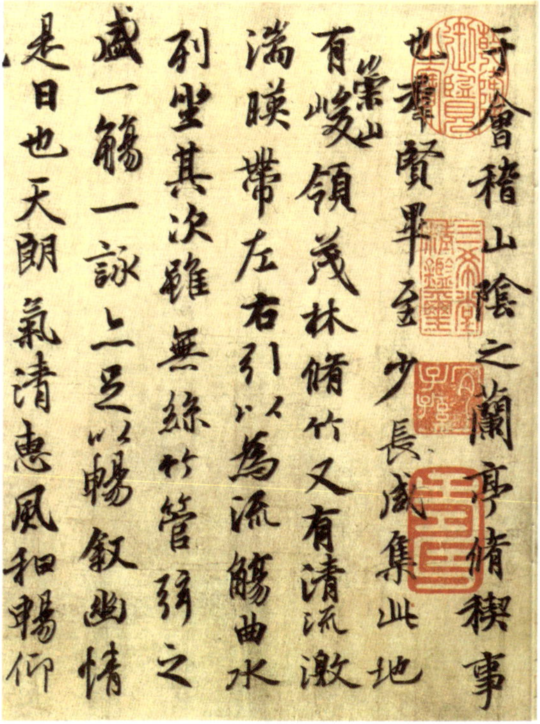
于會稽山陰之蘭亭脩稧事
也群賢畢至少長咸集此地
有崇山峻領茂林脩竹又有清流激
湍映帶左右引以為流觴曲水
列坐其次雖無絲竹管弦之
盛一觴一詠亦足以暢敘幽情
是日也天朗氣清惠風和暢仰

《兰亭集序》摹本【局部】冯承素（唐）

为王家的传家之宝代代起传，唐代时传到了王羲之的第七世孙智永禅师手中。智永禅师临终前又将《兰亭集序》传给了弟子辨才。辨才更是将它视若珍宝，秘密藏在房梁上，从来不拿出来。当时唐太宗非常喜爱王羲之的书法，曾多次召辨才进京，厚礼相待，但都没能让辨才献出《兰亭集序》。唐太宗没有办法，最后命监察御史萧翼乔装成客商从辨才那里骗走了此帖。唐太宗如愿以偿，立即令赵模、诸葛贞、冯承素等弘文馆拓书人摹写副本，分赐给皇子近臣，于是便有了《兰亭集序》摹本散落民间。而《兰亭集序》真迹，则在唐太宗死后被殉葬昭陵。

王献之：十八缸水里的写字笔诀

王羲之一共有七儿一女，七个儿子都继承家学，成为名噪一时的大书法家，其中排行第五的王徽之长于楷书、草书，排行第七的王献之长于行书和草书。今天来看，尤以王献之的书法成就最高。

王献之（344—386），字子敬，小字官奴，生于会稽山阴（今浙江绍兴）。他曾经做过秘书郎、长史、吴兴太守等官职，后来成为简文帝的驸马，官至中书令，所以又被称为“王大令”。但王献之在政治上的成就远不如他的书法名声显赫。王献之一生醉心书法，将自己的天赋资质、思想情感全都融进了笔墨之中，在中国书法史上留下不朽的名声。论源流，王献之的书法继承家学，初学父亲王羲之，后又取法张芝，变王羲之书法的内敛为外拓，同时将行、草二体融合起来，开创了一种俊迈而又逸气的新书体，对后世书法家产生了很大影响。因王献之与父亲王羲之都是中国历史上极有成就的书法家，人们将其合称为“二王”。后世评价“二王”的书法风格时说：“大王之书简静和平，小王用笔刚柔生发”。

王献之幼年便跟随父亲王羲之学习书法，因极具天赋，又刻苦用功，很早就在书法上展现了过人功力。民间也广泛流传着他学习书法的故事。据说王羲之非常喜爱这个最小的儿子，有一次看到王献之在专心写字，为了试一试王献之的笔力，就悄悄站到他身后，突然出手想抽掉其手中之笔，竟然没有拔出来。于是，王羲之感叹道：“我这个儿子以后必定不凡！”又有一次，王献之见北馆新刷的墙很洁白，一时兴起，拿起扫帚作笔，蘸稀泥为墨，在墙壁上写了一个方丈大的字。围观的众人全都啧啧称奇。后来王羲之到北馆来，看到墙上的字，甚是称赞，一问之下竟然是王献之所写，心中更加欢欣。王羲之在写给朋友的信中也提到过此事，发出了“子敬（王献之）飞白大有意”的感叹。

传说王献之十四五岁时，有一日，在书房中练字，写下一个“大”字后就停了笔，凝神看了一会觉得十分满意，就拿去向父亲请教。王羲之什么也没说，提笔在“大”字上加了一个点，就成了“太”字，然后让王献之拿给她母亲观看。王献之拿着这幅字高高兴兴地去了母亲房里。他的母亲瞥了一眼问道：“是你写的吗？”在得到肯定的回答之后又说：“写得有进步呢，你看这个字的点就很有你父亲的功力。”王献之目瞪口呆，明白自己与父亲之间还有很大的差距。王献之又找到父亲，想知道父亲写字的秘诀。王羲之并没有立

兰亭中的“太”字石碑

临池十八缸（图片提供：微图）

即答话，而是领着儿子来到了后院。他指着院子里整齐排列的十八口大水缸说："写字的秘诀就藏在这些缸里。这十八口大缸个个都有一人多高，如果你能将这些大缸里的水都写完，也就得到秘诀了。"王献之把父亲的话牢记在心，此后更加刻苦练字，天天从水缸里取水研墨写字，最终成为王氏家庭中唯一能与王羲之齐名的大书法家。

王献之才华横溢，可惜天妒英才，去世时只有 42 岁。他去世前做的最后一件事是写了一封信——《别郗氏妻》："虽奉对积年，可以为尽日之欢，常苦不尽触类之畅。方欲与姊极当年之足，以之偕老，岂谓乖别至此。诸怀怅塞实深，当复何由日夕见姊耶？俯仰悲咽，实无已无已，唯当绝气耳！"王献之是东晋皇室的驸马，天子女婿，他的妻子应当姓司马，怎么会出现一个妻子郗氏呢？原来王献之一生娶过两位妻子，郗氏才是他的结发之妻。王献之临死时还在惦记郗氏，是因为他对当年的休妻改娶公主之举心怀愧疚。

王献之的发妻郗氏名道茂，出自郗氏家族。王献之的父亲王羲之是郗家的东床快婿，他娶了郗璇，而郗璇正是郗道茂的亲姑姑。王羲之与郗璇感情深厚，等到第七子王献之到了适婚年龄后，他便给郗家写了一封求亲的书信："中郎女颇有所向不？今时婚对，自不可复得。仆往意，君颇论不？大都比亦当在君耶！"意思是询问郗家的女儿有没有中意的对象，如果没有，可以考虑王家的儿子。就这样，与王献之青梅竹马的郗道茂成了王家的儿媳妇。成婚后，美丽贞静的郗道茂与王献之感情日益深厚，两人志趣相投，琴瑟和鸣。然而，东晋简文帝的三女儿，新安公主司马道福，十分仰慕王献之的风度与才华，一定要嫁给王献之为妻。皇室为成全新安公主，便下旨要王献之休妻再娶。王献之不答应，甚至用艾草烧伤双脚，企图以自残逃避婚姻。然而，即使这样，新安公主却依旧非嫁不可。王献之最终被迫与郗道茂离婚，成为驸马。此后，王献之在仕途上可谓一帆风顺，先后做过谢安长史、建安将军兼吴兴太守、中书令等。太元十一年（386），王献之病重。临终前，他留下的最后一句话是："不觉有余事，唯忆与郗家女离婚。"意思是他这一生没什么其他憾事，除了当年与前妻郗氏离婚。

王献之早逝，传世书法作品不是特别多，包括《鸭头丸帖》《送梨帖》《二十九日帖》，以及收录于"三希堂法帖"的《中秋帖》等。不过除了《鸭头丸帖》，其他墨迹基本上为唐代或宋代的临摹本。《鸭头丸帖》是书于绢上的草书佳作，共2行15字，释文为："鸭头丸，故不佳。明当必集，当与君相见。"这篇书法作品完美地体现了王献之书法的特点——用笔外拓，结体散朗，体态多姿，通篇气韵通畅。以"故"字为例，"古"字旁呈俯首的姿势，反文则身姿上挑，结体灵动，变化多端。从内容上看，这是王献之写给

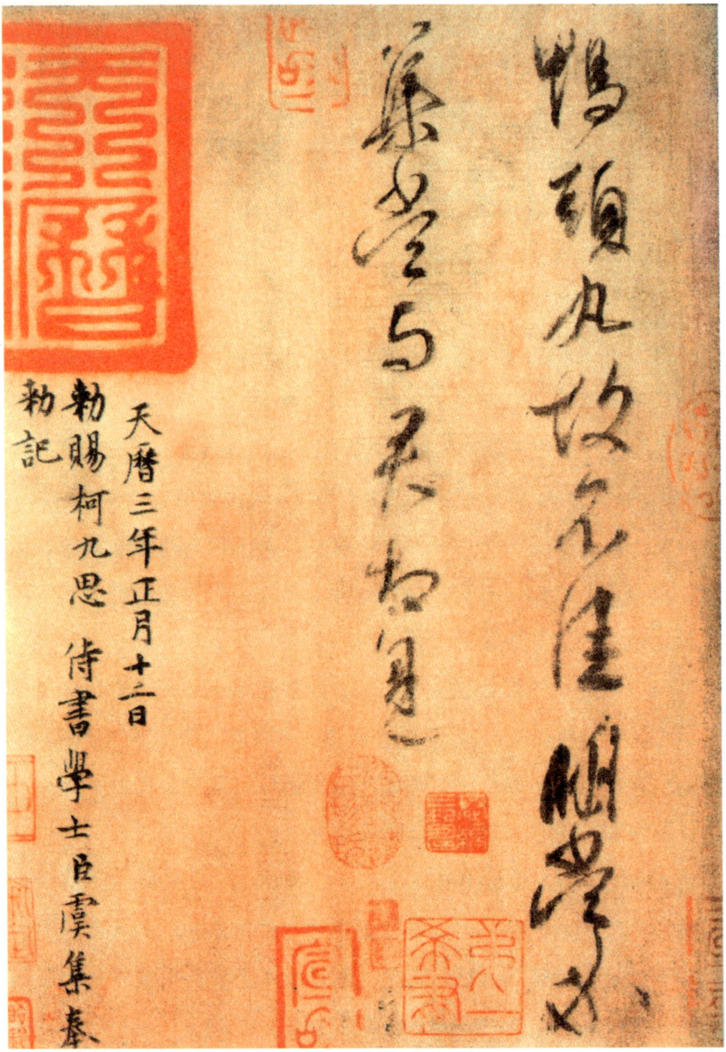

《鸭头丸帖》王献之（东晋）

三希堂法帖

三希堂法帖是清代宫廷刻帖，由乾隆皇帝下令镌刻而成，共有32册，刻石五百余块，原刻石嵌于北京北海公园阅古楼墙间，收集了从魏晋到明末134位书法家的三百余件书法作品。因其中包括乾隆皇帝最珍爱的三件东晋书法作品——王羲之《快雪时晴帖》、王献之《中秋帖》、王珣《伯远帖》，而珍藏这三件稀世珍宝的地方为三希堂，故法帖取名为“三希堂法帖”。但三希堂所藏的《中秋帖》与《快雪时晴帖》皆是摹本，只有《伯远帖》为真迹。

亲朋的一封短札。在此之前，有位亲友给王献之写来了一封信，说自己服用养生药“鸭头丸”后感觉效果不好。于是王献之回了这封短札，说明自己也有同样的感觉，并相约明日见面聚会时再做详细交流。王献之与亲友在次日的见面中都交流了什么心得，人们已无从知道。但王献之随手写下的《鸭头丸帖》被后人视若珍宝，并有幸代代流传。

王徽之：散怀山林的名士

魏晋是中国历史上的一个独特时代，当时的名士普遍崇尚的生活方式可用十个字概括：饮酒、服药、清谈、纵情山水。大书法家王羲之的第五个儿子王徽之（？—386）也是这群人中的一个。他特立独行、不拘礼节，给人的印象通常是蓬头散发、衣冠不整。这种超尘出世、追寻心神无累的心思在他的诗文中得到了完全的体现：“散怀山林，萧然忘羁。秀薄粲颖，疏松笼涯。游羽扇霄，鳞跃清池。归目寄叹，心冥二奇。”王徽之曾官至车骑参军、大司马和黄门侍郎，但由于对官场生活并不热衷，公务也一概不放在心上，时常东游西逛，后来索性弃官退居山阴（今浙江绍兴），隐逸起来。著名的雪夜访戴的故事正是发生在王徽之隐居山阴期间。

在某一年的冬夜里，天空飘起鹅毛大雪，王徽之从睡梦中醒来，他推开窗户，放眼望去，整个世界都是白色的，远山、近水、房屋、树木都只剩白色的轮廓，连天地的界线似乎都模糊了。王徽之逸性大发，当即呼唤仆人取酒，独自赏雪饮酒吟诗。饮到酣处，王徽之突然想到了远方的朋友戴逵。当时戴逵远在曹娥江上游的剡县（今浙江嵊州），路途并不算近。但遥远的距离并不能阻断王徽之想要见一见朋友的念头，他立即命仆人备下小船，迎着风雪在江上赶路。船在茫茫

《雪夜访戴图》【局部】周文靖（明）

大雪中行了一夜，天亮时分才到达剡县。王徽之下船后，顾不上掸去一身风雪，立即赶到了朋友戴逵家。站在朋友家门前，王徽之顿住身形，突然不想进去了，于是转身又沿着来时的路返回。有人说王徽之行为怪异，王徽之听罢，仰头一笑："我本是乘兴而去，兴尽而返，又何必一定要见戴逵呢？"这个雪夜访戴的故事见于《世说新语》。王徽之雪夜访友，至而不访即归，他的随性而为、风神潇洒，为魏晋名士风度又添上一段佳话。

除了雪夜访戴之外，王徽之与桓冲之间的三问三答也体现了他的性情。王徽之曾经是大司马桓温手下的一名参军，但他放荡不羁，不理公务。桓温见了也不责怪，对这个满腹才华的晚辈十分宽容。后来，王徽之又到了桓温的弟弟、车骑将军桓冲手下做骑曹参军（负责管理马匹）。有一次，王徽之跟随桓冲外出巡视，一场暴雨意外降临，四下也无处躲雨。王徽之左右瞧瞧，见桓冲坐在马车里，便钻了进去。桓冲见是王徽之，也不介意，还和他闲谈起来。魏晋时期特别讲究门第出身，王徽之出自琅琊王氏，桓冲出自谯国桓氏，前者门第远高于后者，所以王徽之说话也是任性而为。桓冲问道："你在军中哪个部门任职？"王徽之答："不知道是个什么部门，就是时常看见有人把马牵进牵出，我想应该是马曹吧。"桓冲又问："那你管理多少马匹？"王徽之轻描淡写地答："这要问我手下管马的人，我哪里知道到底有多少！"桓冲接着问："最近军中马匹死了多少？"王徽之仍旧是一幅无所谓的样子："我连活着的战马数目都不知道，死的就更不用说了。"问答之间，流露的是王徽之的恃才傲物和生性不羁的性格。

不过，闲散成性的王徽之并非对事事都不上心，比如他就十分热衷研究书法。在父亲王羲之的影响下，王徽之自幼便刻苦学习书法，后人在比较两人书法时曾评价说"徽之得其势"。王徽之善楷书、草书，有《得信帖》《新月帖》等留传后世。《新月帖》是王徽之的代表作品，可惜真迹已经遗失，如今存世的为编入《万岁通天帖》的唐代摹本。此帖以行楷为主，一共六行，释文为：“臣九代三从伯祖晋黄门郎徽之书。二日告，口（此字缺失）氏女新月哀摧不自胜，奈何奈何。念痛慕，不可任。得疏知汝故异恶悬心，雨湿热复何似，食

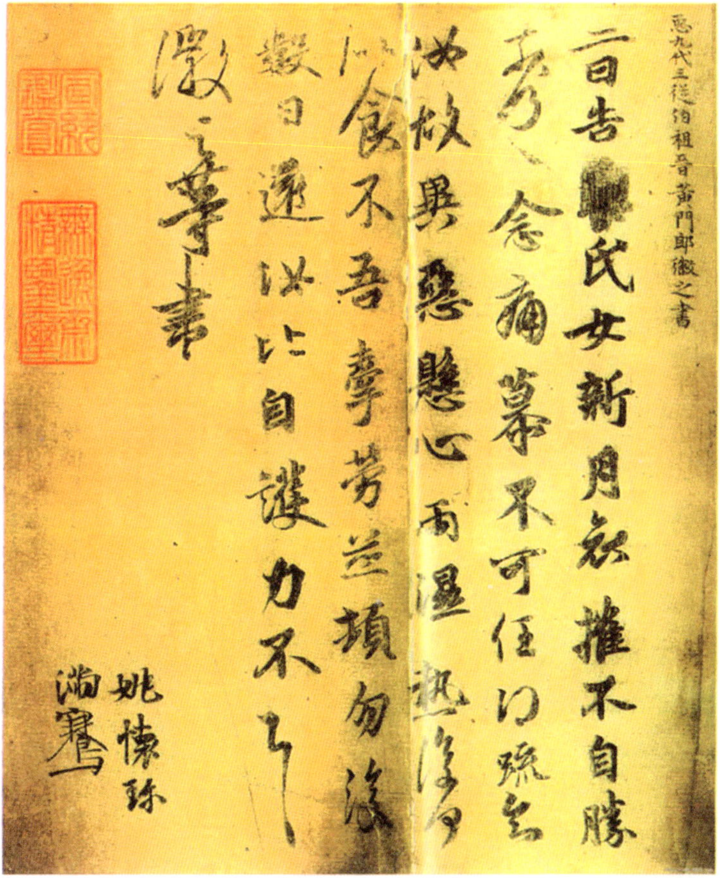

《新月帖》王徽之（东晋）

不？吾牵劳并顿，勿复，数日还，汝比自护。力不具。徽之等书。姚怀珍，满骞。”从内容上看，这是王徽之写给友人的一封信，在信中他对友人之女的亡故表示哀痛，并对友人的身体不适表示担忧，询问友人在多雨温热的天气里的饮食状况。信末，王徽之又告诉友人自己也因疲惫而感身体欠佳。写这封信时，王徽之的心情是低落的，他将每一笔、每一划皆落到实处，这让《新月帖》脱离了王徽之书法作品中一贯表现的超然飘逸之风，于流畅多变的笔法中透露出了沉稳与温和之气。在《新月帖》中，可看出王徽之学习父亲王羲之书法是相当成功的，这篇法帖也成为后人研究王羲之作品的有力资料。有人曾将王羲之、王徽之和王献之父子三人的代表作品放在一起比较，认为王羲之的《兰亭序》清雅逸美，王献之的《中秋帖》激情飞扬，而王徽之的《新月帖》则是不现波澜，字字丰厚秀润。但《新月帖》并不会给人无趣之感，其以行楷为主，在行楷之间又有草书笔意，平静却不显死寂。

书法之外，王徽之生平特别爱竹。事实上，古代文人大都喜竹，如西晋初期的“竹林七贤”就因喜欢在竹林之中宴饮纵歌而得名。清高自恃的王徽之亦以爱竹闻名当世，其中《晋书》中就记载了这样一个故事。当时吴中有一位士大夫家中种了一片好竹林，王徽之听说后便前去观赏。主人见他来了，洒扫庭院请他坐下，他却不加理会，反而在竹林中啸咏（类似于吹口哨）良久。

在当时人的眼中，无论是气质，还是书法造诣，王羲之的七子王献之都要胜过五子王徽之一筹，但这并不影响兄弟之间的手足情深。两人都于 386 年去世，据《晋书》记载，当时兄弟两人都身患重病，不久，王献之先一步离开人世。有一天，王徽之问身边的人：“怎么很久都没听到子敬（指王献之）的消息了？”之后又语气笃定地自言自语道：“他一定是已经不在人世了。”说此话时，周围人完全看不

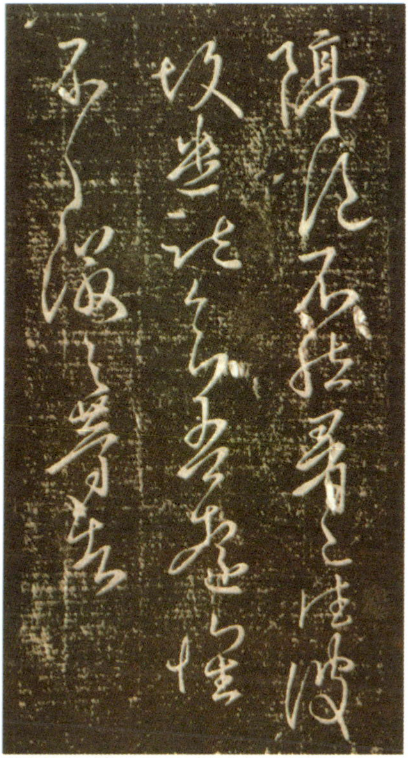

《得信帖》【局部】王徽之（东晋）

出王徽之的悲伤之情。但当他被告知王献之确实已经去世后，王徽之便立即前往王献之家去奔丧。他知道自己的这个弟弟素来爱弹琴，下轿之后便径直走到灵床边坐下，又命人取来王献之生前最爱的琴，弹奏起来。从琴音中可以听出，几根琴弦的声音已经不谐调了。一曲没有弹完，王徽之就将琴猛然扔在地上，这时方才流露出悲痛之色，含泪道：“子敬啊子敬，你和琴都已经走了！”说完又痛哭很久，情绪激动难以自持，几乎要晕厥过去。一个多月后，王徽之因背疽溃疡也离开了人世，给后人留下了“人琴俱亡”的典故。

欧阳询：书名传海外

唐代是文化艺术高度发达的时期，涌现出众多在文学、绘画和书法上取得显著成就的杰出人士，其中包括初唐四大家。在初唐四大家中，有一位尤善楷书，他就是被后世尊为“唐人楷书第一”“翰墨之冠”的欧阳询。

欧阳询像

欧阳询（557—641），字信本，出生于潭州临湘（今湖南长沙），一生经历陈、隋和唐三个朝代。年幼时，欧阳询的父亲举兵反陈失败，全家受到株连，他因为年纪小而幸免于难，在父亲好友的庇护下长大。欧阳询自幼聪颖，刻苦好学，年纪不大就已经通读了《史记》《汉书》。而他对书法更是情有独钟，最初以王羲之为学习楷模，只要看到王羲之的笔墨，就想方设法买回来，挂在墙上研究，一笔一画皆细心模仿。在刻苦地练习中，欧阳询慢慢揣摩出了很多心得，书法也随之形成自己的风格，尤其是正楷，用笔峻峭险劲，骨气硬朗劲峭，法度严正工整，被后世奉为学习书法的标准，世称“欧体”。

欧阳询虽以楷书名世，但诸体皆能。唐代最著名的书法品评著作《书断》中评价道：“（询）八体尽能，笔力劲险。篆体尤精，飞白冠绝，峻于古人，有龙蛇战斗之象，云雾轻浓之势，风旋电激，掀举若神。真行之书，虽于大令，亦别成一体，森森焉若武库矛戟，风神严于智永，润色寡于虞世南。其草书迭荡流通，示之二王，可为动色；然惊奇跳骏，不避危险，伤于清雅之致。”这段评论把欧阳询擅长的书体及其长短之处十分全面地展示出来。

欧阳询在书法上取得的成就，与其对书法的痴迷密切相关。相传他有一次骑马出门在外，偶然看到一块石碑，发现上面的文字由晋代著名书法家索靖写成，便立即拉马驻足，在石碑前观摩很久才离开。可是走出不远，他心中似乎有了新想法，又折返，停在碑前目不转睛地欣赏，再也舍不得离开。后来，欧阳询直接取下毡子铺在地上，席地而坐，足足看了三天，才恋恋不舍地起身离去。有了这样的兴趣和勤奋，再加上天赋高，欧阳询将书法艺术修炼得炉火纯青。“初唐四大家”之一的虞世南就曾评价他“不择纸笔，皆能如意”。

欧阳询的书法颇有风范，自成一派，为人尊仰，在当时就已名满天下。人人都争着想要得到他的墨宝，一旦拥有，便视若珍宝，轻易不会外传。高句丽特使来到唐都长安时，曾专门向唐高祖李渊求取欧阳询的书法，唐高祖笑着感慨道：“没想到欧阳信本的名声已经如此远播，连东方夷狄都知道了，当他们看到欧阳信本的笔墨，一定会以为他是位高大魁梧的人吧……”此言具有调侃的意味，同时也可看出欧阳询的书名在当时已经远播海外。

除了在高句丽广为流传，欧阳询的书法与日本也结下了不解之缘。《朝日新闻》是日本现今最大的报纸之一，它的报头题字就为欧阳询所书。然而，《朝日新闻》创办于 1888 年，但欧阳询卒于 641

年，两者相距 1200 多年，欧阳询又怎会去书写《朝日新闻》的报头题字？原来，现在日本使用的文字，是借汉字的偏旁部首演变而成。当时日本使者经常不惜重金到中国购买欧阳询、颜真卿等书法名流的真迹，作为临写模板。而《朝日新闻》创办时也决定用欧书作为报头题字，于是找来欧阳询的得意之作《宗圣观记》，从中挑选现成的“朝”“日”“闻”三字，再把帖中缺少的“新”字，巧妙地用“親”字和“析”字分别剔去“見”旁和“木”旁合并而成。这样，“朝日新闻”四字就以饱满的形体、瘦劲的姿态出现在该报的首端了。

欧体楷书的代表作品有《九成宫醴泉铭》《化度寺碑》《皇甫诞碑》等。字里行间，每行到竖弯钩的时候，依然可以看到隶笔的形

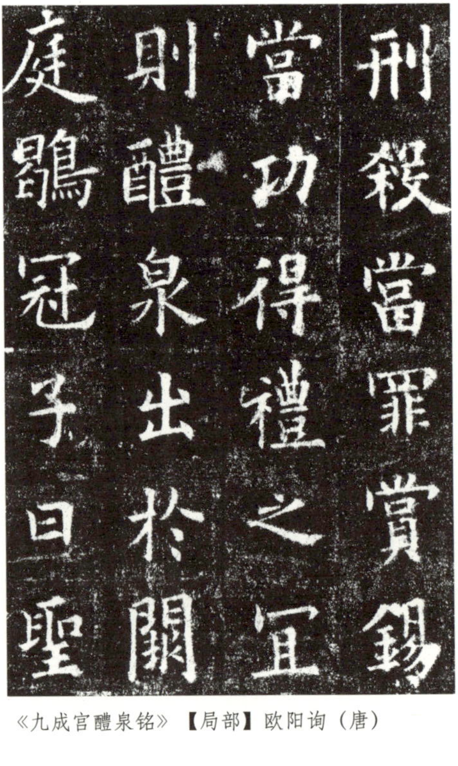

《九成宫醴泉铭》【局部】欧阳询（唐）

式，大而观之，用笔圆润但不失峻峭挺拔，“若草里惊蛇，云间电发。又如金刚怒目，力士挥拳”，结构严肃，非常便于临摹练习。以欧阳询在古稀之年的作品《九成宫醴泉铭》为例，此帖气势开阔，字形方整，运笔刚劲，每个字看上去险峻雄健，但都能达到一种完美的平稳均衡，也就是利用局部的不平衡来达到整体的平衡。《九成宫醴泉铭》一直被视作唐代书法“尚法”的典范，也一直是人们学习唐楷的入门范本。

欧阳询行书的传世作品有《卜商帖》《张翰帖》《梦奠帖》等。但其行书的影响远逊于楷书，个中缘由可从项穆的分析中体会一二：“欧阳信本亦拟右军，易方为长，险劲瘦硬，崛起削成，若观行草，

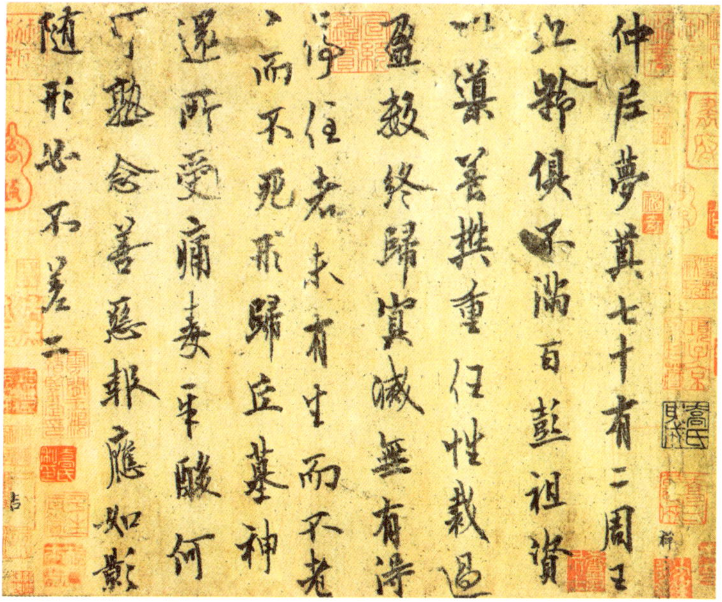

《梦奠帖》【局部】欧阳询（唐）

此帖是欧阳询的行书代表作，笔力苍劲，运笔从容，用墨淡而不浓，气韵流畅，堪称稀世之珍。

复太猛峭矣。”意思是，欧阳询的行书源自二王，最大的特点是结字受楷书影响很大，甚至很多字都是楷书的快写，以取险势为主格调，棱角分明，十分强调字形中宫的紧收与主笔伸展之间的对比，单字取势多跌宕起伏，极具跳跃感。米芾评其“若对越，俊若跳掷”，甚是妥帖。欧公这种特点极其鲜明的行书风格在书法史上独树一帜，然而也正是因为这种鲜明的风格大大局限了其行书对后世的影响。

欧阳询除了是一位卓尔不群的书法家，还是一个颇有思想的书法评论家。在多年的研习和实操中，他总结出了见解独到的“欧阳询八诀”：“点如高峰坠石；横戈如长空之新月；横如千里之阵云；竖如万岁之枯藤；竖戈如劲松倒折，落挂石崖；折如万钧之弩发；撇如利剑断犀象之角牙；捺一波常三过笔。”后人在此基础上总结归纳出了“欧阳结体三十六法”，明确指出三十六种字的结构法则。这一法则将欧阳询的书法带入了一个有造型、分层次的境界，字形的变化不再是无规律、不稳定的，由此，书法结构的观念也真正趋于成熟。

李白：盛唐明月光下的千年墨香

李白（701—762），字太白，号青莲居士，祖籍在陇西成纪（今甘肃天水附近），出生于中亚西域的碎叶城（今巴尔喀什湖南面的楚河流域）。大约五岁时，李白随家人迁居到四川绵州昌隆（今四川江油）青莲乡，并在蜀中度过了少年时代。李白为天生奇才，他在散文作品《上安州裴长史书》中曾写道："五岁诵六甲，十岁观百家，十五观奇书，作赋凌相如。"意思是他五岁时就能背诵用于计算时日的六十天干地支，十岁开始读诸子百家的著作，十五岁时不再满足于诸子学说，广泛涉猎各种异端奇书，并自夸写的辞赋已经超过汉代司马相如的水平。此外，李白也是一个"十五游神仙"的羽客，"十五好剑术"的少年游侠，他轻财重施、任侠好客，名闻川中。开元十三年（725）之后，李白出蜀，"仗剑去国，辞亲远游"。他顺江而行，来到江陵（今湖北荆州），之后又从江陵东下，途经洞庭、庐山，到达金陵（今江苏南京）、扬州，之后又西入长安（今陕西西安），小隐终南。在这之后的数年里，李白又与洛阳、太原、东鲁等地的道士、隐士交游。这些生活经历造就了李白豪放浪漫的性格和诗风。

与当时大部分的宦游士子一样，李白的内心也有建功立业的理想，想由布衣一跃成为卿相。他多次以大鹏自比，渴望"大鹏一日同风起，扶摇直上九万里”，他的诗文里充满了“建立不世功业在指颐之间”的信心。在青年阶段，李白曾经多次投书长史，以干谒（游说）的方式结交权贵，以达到“求仕”的目的。然而现实是，尽管李白献出了“生不用封万户侯，但愿一识韩荆州”那样的佳句，但是荆州长史韩朝宗等权贵却并不为之所动。

天宝元年（742），李白得到玉真公主和称赞他为“谪仙人”的大臣贺知章的推荐，被唐玄宗召入长安宫中。唐玄宗看了李白写的诗赋，十分喜爱，任其为翰林院的待诏（供奉）。李白得到这个专门给皇帝写诗文以娱乐的职位，暂时结束了漫游生涯，开始了一段陪侍君王左右的宫廷生活。奉诏入京，得到唐玄宗赏识，供奉翰林，李白一度以为自己施展抱负、建功立业的时候到了。然而，事实却并非如此。一方面，唐玄宗的确欣赏李白，但这种欣赏仅限于李白的诗赋才气。另一方面，李白性格里的刚傲也为他招来同僚的嫉恨，他在长安的日子并不好过。与此同时，步入晚年的唐玄宗变得贪图享乐，大唐王朝繁盛的表面下也蕴藏着危险的暗流，政治黑暗，宦官和外戚把持政权。这一切，都让不愿“摧眉折腰事权贵”的李白感到无法忍受。随着心中积怨日深，李白常在酒肆买醉，以至于有一次唐玄宗召他入宫侍奉时，他已喝得大醉，竟然违旨不去。又有一次，唐玄宗与杨贵妃在宫内宴饮游玩，一时兴起，命李白作诗。生性豪放不羁的李白带着酒意，享受了一次杨贵妃研墨、宦官高力士脱靴的服务，写下一组《清平调》。李白的诗写完了，他也彻底得罪了权倾朝野的高力士。后来，李白向唐玄宗表明自己归山的意愿，于天宝三年（744）离开长安。

远离朝廷的李白继续游历天下，同时仍在思虑如何为国建功。天宝十四年（755），安史之乱爆发，李白为避战乱，隐居庐山。之后，他两次从军，希望能有一番大作为，拯救国家危亡。然而，李白

《藏云图》【局部】崔子忠（明）

此图画李白盘腿端坐在四轮车中而行于山路之上，凝视头顶云气，神态安闲。

再次体验到了仕途艰辛。第一次从军，李白投入永王军中，但永王与唐肃宗争夺帝位，兵败被杀。李白受牵连获罪下狱，流放夜郎（今贵州桐梓一带）。因途中遇到大赦，才得以放还。七言绝句《早发白帝城》就记述了李白遇赦返回时的心情。李白第二次从军是在上元二年（761），此时他已年过花甲，听说名将李光弼正在乘胜率兵追击叛将史朝义，就决定再度投军，但行到金陵（今江苏南京）因病折回。这时候的李白生活相当窘迫，只好投奔在当涂（今安徽马鞍山）做县令的族叔李阳冰。上元三年（762），李白在李阳冰家中病逝，终年 62 岁。

作为盛唐时代最伟大的诗人，李白的诗名实在太盛，以至于他在书法上取得的成就反倒不常被人提起。盛唐的文坛弥漫着崇尚写意的浪漫主义气息，再来看李白，他的诗风浪漫，书法也是如此。王羲之书法的“志气平和，不激不厉”，欧阳询书法的“法度森严”，全不合生性自由的李白心意。李白的书法一直是肆意放纵的，可归为张旭一派。

关于李白与书法之事，历史上是有记载的。孟綮的《本事诗》中这样写道：“玄宗命白为宫中行乐诗，二人张朱丝阑于前，白取笔抒思，十篇立就。笔迹遒利，凤峙龙拿。”另据宋代《宣和书谱》记载，宋廷内府收藏有李白的五篇书法作品：行书《太华峰》《乘兴帖》，草书《岁时文》《咏酒诗》《醉中帖》。对书画颇有研究的宋徽宗赵佶也肯定了李白是诗书并善的大家。由此可见，李白的书法成就可见一斑。然而，其书法作品大都没能留存下来，目前能够确认的李白传世书法真迹只有《上阳台帖》，历代文人对它好评不断。

《上阳台帖》字幅很小，为行草书，共 5 行 25 字。从内容上看，这是一首赞美庐山的四言诗：“山高水长，物象万千。非有老笔，清壮何穷。”另有题款：“十八月上阳台书，太白。”关于《上阳台

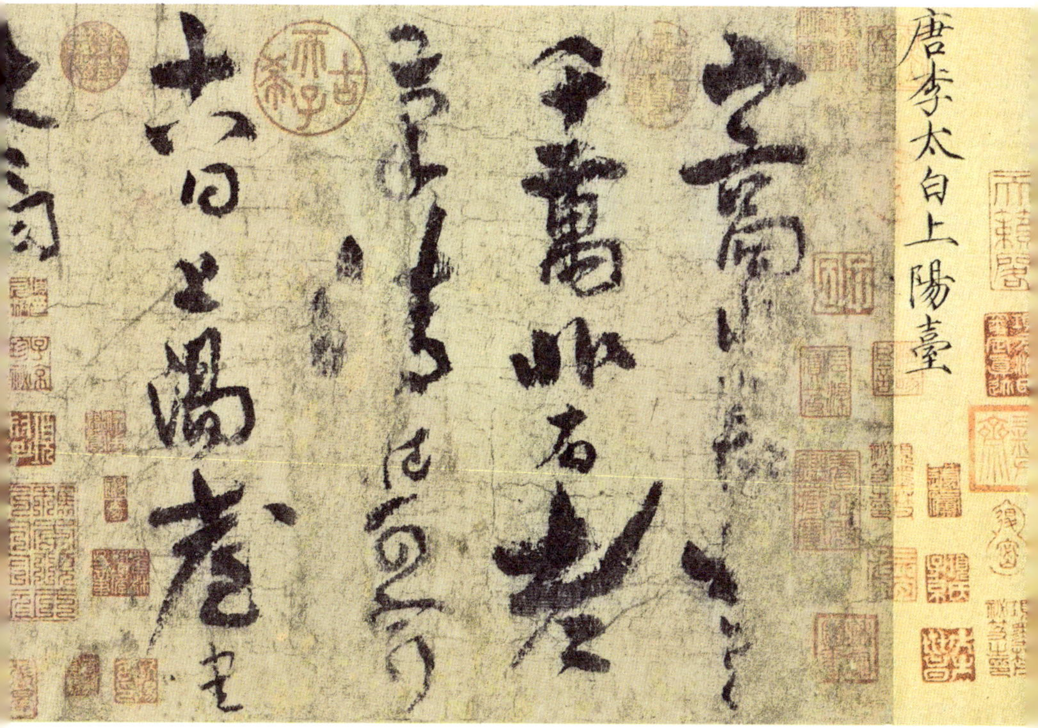

《上阳台帖》李白（唐）

帖》的流传，史料中可见到一些相关记载。宋代宣和年间（1119—1125），此帖被收入内府。帖前隔水上有宋徽宗赵佶瘦金书题签“唐李太白上阳台”七字。不久，《上阳台帖》流入民间。明代时曾归大收藏家项子京所有，到清代乾隆年间（1735—1796）又重回内府。清朝灭亡后，《上阳台帖》再次流落民间，后被张伯驹以重金购得，如今则藏于北京故宫博物院。作为李白留在世上的唯一遗墨，其价值不言而喻。

李白的诗雄奇飘逸，书法亦是放纵自由，豪气雄健。《上阳台帖》

仿佛沾染了谪仙身上的仙气，飘飘然不似凡品，意态万千。字的结体有参差之美，往往有神来之笔。字与字之间顾盼有情，细细品来，奇趣无穷。历代名家对《上阳台帖》均赞叹有加，宋徽宗赵佶在《上阳台帖》作跋：“太白尝作行书乘兴踏月，西入酒家，可觉人物两忘，身在世外。一帖，字画飘逸，豪气雄健，乃知白不特以诗鸣也。”元代张晏题跋说：“谪仙（李白）尝云：欧、虞、褚、陆真奴书耳。自以流出于胸中，非若他人积习可到。观其飘飘然有凌云之态，高出尘寰得物外之妙。尝遍观晋、唐法帖，而忽展此书，不觉令人清爽。”从这些评论中可以看出，李白的书风完全不同于初唐时期流行的“志气和平，不激不厉”的王羲之书法路数。正如李白自己所说，欧阳询、虞世南、褚遂良、陆柬之唯“大王（王羲之）”门径不出，只是“奴书”而已。李白在书法上完全延续了他一贯的洒脱不羁风格，因而他的书法在同时代的作品中显得与众不同。

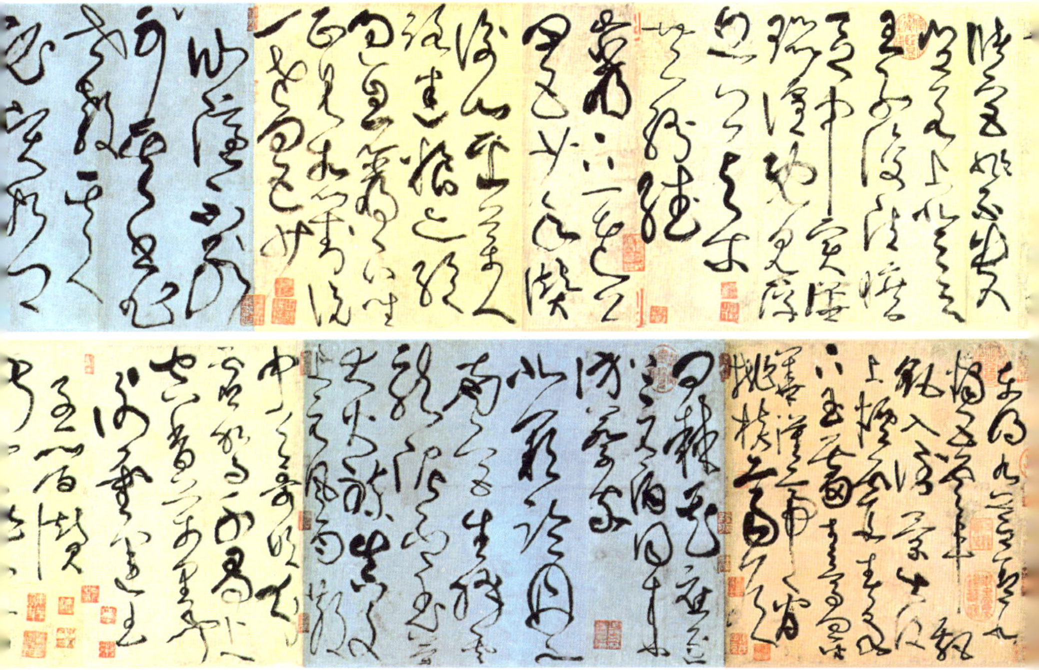

《古诗四帖》张旭（唐）

言之，张旭的草书狂怪纵逸，不受约束，同时在千变万化之中又能做到自有法度。可以说，他是一位真正的艺术家，把自己内心的世界与外在的笔法和形态表现完全结合在一起，开创了“狂草”的新局面。

张旭流传于世的作品并不多，以至于后人只能从那寥寥的残篇断文中，感受狂草的真正魅力。《古诗四帖》是他流传不多的名作之一，也一直被后人看做是狂草的巅峰之作。整幅作品倾势而下，笔画连绵不断，时而如飞檐走壁之险峻，时而如行云流水之酣畅，狂但不怪，气势奔放。这看似癫狂的草书，实际上功力是相当醇厚的，有章有法，有规有矩，笔断意连，每一个过度都交代得很清楚，既没有忙

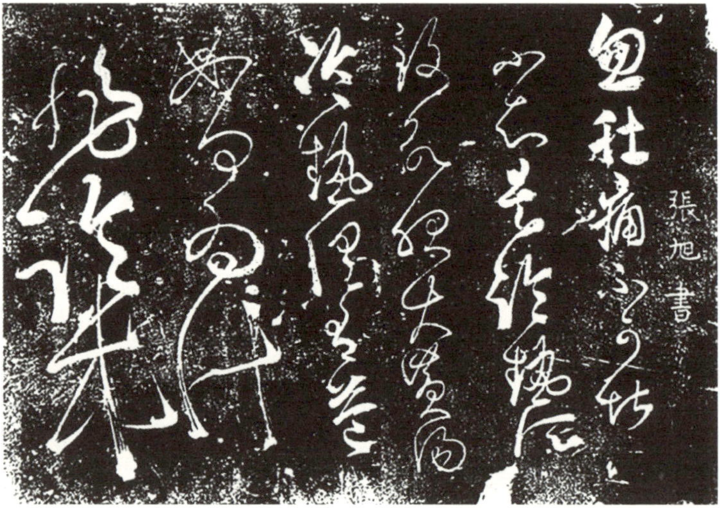

《肚痛帖》张旭（唐）

此帖是张旭草书的代表作，全帖仅30字，但通篇气韵生动，奔放连绵。

乱的涂抹，也没有矫揉造作之感，体现出一气呵成的大气和自信。正如明代本道生所说：“行笔如空中掷下，俊逸流畅，焕乎天光，若非人力所为。”

后人在评论唐人书法时，对各大名家都有褒贬，唯独对张旭始终评价如一、赞叹不已。张旭死后，世人都很怀念，历朝历代都有人为其作诗写词，赞扬他的笔墨。如“草圣祠”中的楹联有：“书道入神明，落纸云烟，今古竞传八法；酒狂称草圣，满堂风雨，岁时宜奠三杯。”

怀素：醉僧种蕉学书

怀素（725—785，一说 737—799），俗姓钱，法名怀素，字藏真，长沙人，自幼便出家做了和尚。但怀素与普通的和尚不同，不潜心研习佛法，却喜好参研书法。因而人们很少能够听到他的念佛声，却

陕西西安大雁塔北广场怀素写字塑像（图片提供：微图）

常常看到他在井里洗笔的身影。怀素生平酷爱三件事：酒肉穿肠过，云游四方交结贤达，到处挥洒墨宝。关于饮酒，怀素自我评价是“饮酒以养性，草书以畅志”，在饮酒达到疯狂之境时，往往就能写出书法佳作。但这位“醉僧”饮酒竟然达到了一日九醉的地步，甚至睡觉

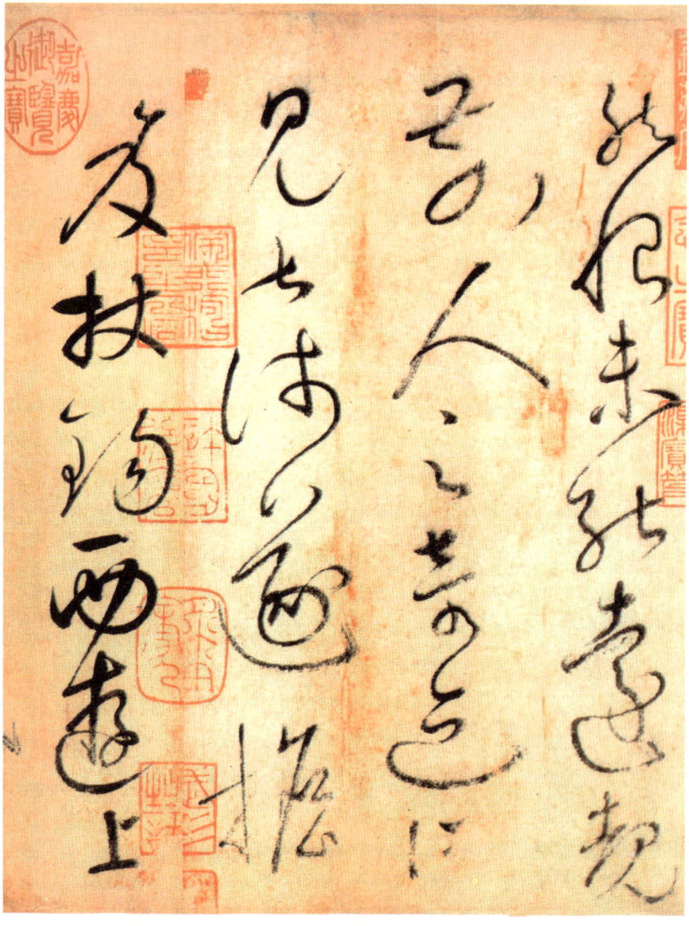

《自叙帖》【局部】怀素（唐）

也要喝醉了才去就寝。此外，怀素还喜好吃肉。他在《食鱼帖》中说道：“老僧在长沙食鱼，及来长安城中，多食肉，又为常流所笑，深为不便。故久病不能多书异疏还抱。诸君欲善之会，当得扶羸也。”可见，怀素虽然明白别人笑话自己吃鱼吃肉，但依然我行我素。怀素的一生也从没停止云游，他漂泊四方，在四处游走的日子里，结识了李白、颜真卿、陆羽等文化名流。

关于书法，怀素并不是在一夕一朝之间就达到出神入化的地步，而是日积月累练习的结果。写字需要很多纸，怀素贫穷买不起纸，就在寺院附近的一块空地上种了很多株芭蕉树，等到芭蕉树长大后就摘下叶子代替纸张使用。他日夜书写，孜孜不倦，以致这些芭蕉树的生长速度竟然比不上他书写的速度。很快，大芭蕉叶就不够用了，小叶子又舍不得摘，怀素就直接把笔墨拿到芭蕉林里，站在树前书写。同时，他也用漆盘、漆板写字，最后连笔也写秃了。慢慢地，这些坏笔越来越多，以至堆积如山，怀素便把它们埋在一起，称为“笔冢”。临尽芭蕉，废笔成冢，如此勤学苦练，怀素很早就名扬天下，成为中国古代书法史上在青年时期就获得众多赞誉的书法家之一。李白在《草书歌行》中称赞怀素：“少年上人号怀素，草书天下称独步。”晚唐诗人裴说在《怀素台歌》中说：“我呼古人名，鬼神侧耳听。杜甫李白与怀素，文星酒星草书星。”

怀素被视为狂草的代表人物，他的草书自由飞扬，同时又“法而有度，狂而有涯”。狂草并不是人人都能涉猎的领域，过于理性、严守法度的书法家就无法驾驭狂草，而能写出一手精妙狂草的书法家往往个性飞扬，不拘小节，怀素正是如此。身居佛门，却性情疏放，从意识到行为都表现出一种我行我素的个性特征，怀素当乃神人。同张旭一样，他酒饮到酣畅之时，便乘着几分酒意在墙壁、衣裳、酒具上写起字来。据说当时有不少人为了得到怀素的墨宝，看见他喝酒，就穿上白袍守候在他面前。正因为这些不可思议的书写习惯，怀素的真迹鲜少流传至今，今存的只有《自叙帖》《小草千字文》《食鱼帖》和《苦笋帖》等数篇。

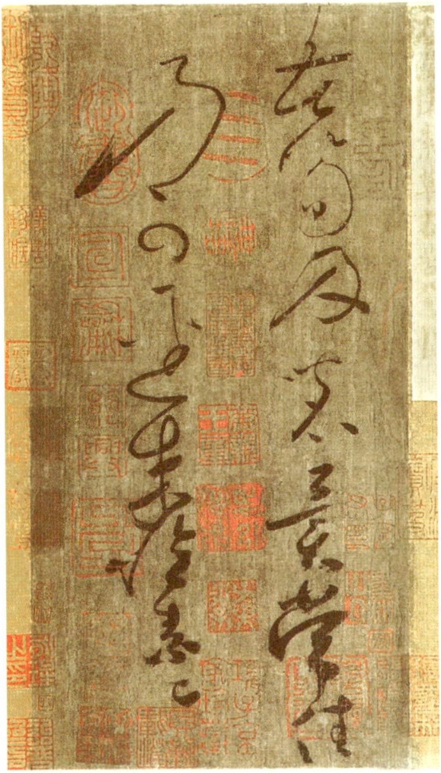

《苦笋帖》【局部】怀素（唐）

此帖整体呈上疏下密状，上半部分结字较疏朗，下半部分字多收敛，互相连属。

在怀素传世的草书作品中，以《自叙帖》成就最高，这也是他流传下来的篇幅最长的作品，共162行698字。《自叙帖》作于唐大历十一年（776）的冬天，是已近晚年的怀素写下的总结自己一生书法创作过程的作品，内容包括其生平、写草书的经验，以及当时士大夫对他书法的品评。在这篇大尺幅的书法作品中，文字大小错落，左呼右应，天然自成，每个字的结体“真如龙蛇竟走，激电奔雷”，是书法技艺已臻佳境的怀素一气呵成的佳作。

颜真卿：以文寄侄，神采逸动

苏轼的《东坡题跋》中曾有过这样一段话：“诗至于杜子美，文至于韩退之，画至于吴道子，书至于颜鲁公，而古今之变，天下之能事尽矣。”一句酣畅淋漓的言论，点明了诗歌、文学、绘画和书法领域中的大师，这其中的“颜鲁公”所指的便是“楷书四大家”之一的颜真卿。

颜真卿（709—785），字清臣，京兆万年（今陕西西安）人，祖籍为琅琊临沂（今山东临沂）。颜真卿祖上家学渊源，出现过许多古文字学家和书法家，其六世祖颜之推便是著名的《颜氏家训》的作者。但到了颜真卿父辈一代，竟沦落至贫困的地步，因而颜真卿幼年是在贫穷和饥饿中度过的。颜真卿 26 岁中进士，曾四次被任命为监察御史，后来受到排挤，被贬黜到平原（今山东德州）

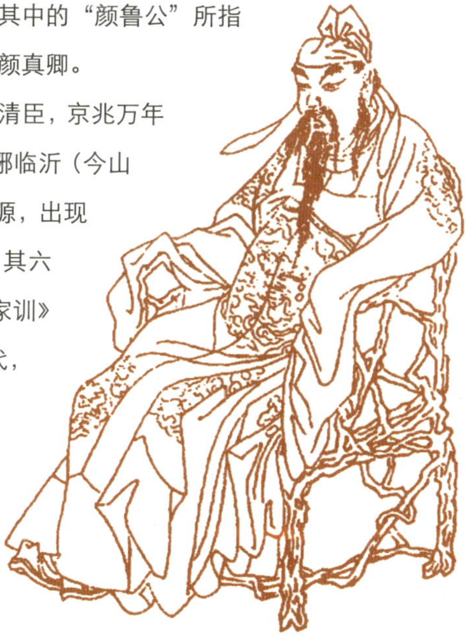

颜真卿像

颜真卿书写的“嵖岈山”（河南遂平县嵖岈山国家地质公园）（图片提供：微图）

当太守，因此又有“颜平原”之称。当时的平原是安禄山的辖区，到此任职不久，颜真卿就看出了安禄山的谋反之意。于是他暗中命人筑高城墙、开挖壕沟，同时四处招募壮丁，训练兵马，囤积粮草，以备不时之需。755 年，安禄山果然起兵谋反，颜真卿的未雨绸缪起到了良好的效果，河北二十四郡除了平原之外均失守。然而，忠君爱国的颜真卿却被奸相卢杞借叛逆李希烈之手杀害，客死他乡，直到半年后灵柩才得以还乡。唐德宗曾评价颜真卿：“才优匡国，忠至灭身，器质天资，公忠杰出，出入四朝，坚贞一志，拘胁累岁，死而不挠，稽其盛节，实谓犹生。”

颜真卿自幼喜欢书法，因家徒四壁，没钱购买笔墨纸砚，就取来黄土，浇上适量水，然后用一把刷子代替毛笔，蘸着泛黄的泥水在墙上练字。待到墙面都被写满时，他又用清水把字迹全部冲洗掉，重新再写。经年累月，墙体变得斑驳，颜真卿的字也逐渐有了自己的风格。

颜真卿最初以褚遂良的书法为摹本，后又拜到著名书法家张旭门下。张旭在唐代赫赫有名，草书、行书、隶书、楷书样样都会写，尤其以草书见长。颜真卿希望从老师身上得到书法的精髓和窍门，使自己得到大幅度的提高。但在很长一段时间内，张旭经常带着他游山玩水、逛集市、看大戏，似乎都在干着与教习书法无关的事情，半点儿没有要透露“书法精髓”的意思。颜真卿按捺不住，问张旭道：“老师，学生有件事情一直想说，学生跟随老师学习书法，还望老师能够传授真正的书法秘诀。”张旭答道：“书法的学习，第一在于‘工学’，也就是说要勤学苦练；第二在于‘领悟’，意思是要从自然万物中找到灵感，然后融会贯通成自己的东西。这些我都反复在向你强调啊。”颜真卿并未罢休，继续问道：“老师您说的工学和领悟我都知道，而对于行笔落墨时的绝技，还希望老师给予指教。”张旭听罢笑了，开导颜真卿说：“我写书法原本就没有既定的秘籍，看到公主和担夫争路，便从中推敲笔法之意；看到别人舞剑，便揣摩落笔的神韵，这些都是到处可得的东西。要想写好字，除了勤奋和观察，并没有什么诀窍。”颜真卿听后大受启发，此后更加勤奋地练习书法。

再看颜真卿生活的时代，可谓是书法盛世。从大唐开国之初，历代国君都十分喜爱书法，唐太宗李世民就曾亲自为《晋书•王羲之传》写赞语，且拓下了《兰亭集序》赏赐给重臣。武则天本人在书法方面也颇有造诣，写有《升仙太子碑》传世，用笔刚柔并济，字体结构端庄绵密。到唐玄宗李隆基时代，书法开始初现革新面目，唐代著名的书法理论著作《述书赋》中描述唐玄宗的书法“风骨巨丽，碑版峥嵘，思如泉而吐凤，笔为海而吞鲸”，终于“开草隶之规摹，变张王之今古”。统治者喜欢书法，自然上行下效，一时间举国上下都热衷研习书法。在这样的大环境下，颜真卿无疑拥有了一个开阔的空间。再加上师从张旭多年，颜真卿的书法特别是楷书发生了跨时代的改变，彻底摆脱了初唐以来细瘦内敛的书法传统，字形方中见圆、笔法浑厚强劲，开创了独特的“颜体”。其行草则遒劲郁勃，每一笔都是真情流露，点画飞扬，充满新意。

颜真卿的书法之所以受人赞誉，除了字里行间有着独创的风格之外，其高贵的人格也和字体达到了天人合一的境界。正如欧阳修所说：“颜公书如忠臣烈士，道德君子，其端严尊重，人初见而畏之，然愈久而愈可爱也。其见宝于世者有必多，然虽多而不厌也。”甚至有人认为“历史上唯一可以与书圣王羲之媲美的是颜真卿”。综观颜真卿的一生，其书法艺术的发展大概可以分为三个阶段。

第一个阶段是在他 45 岁之前，可称为早期。颜真卿与大文豪李阳冰、岑参、徐浩等是知己好友，经常聚在一起探讨文学和艺术方面的问题，颜真卿一旦有了好的作品，朋友之间也会共同鉴赏，提出一些意见和建议。当时颜真卿书法的最大风格就是细腻、森严，不过也有一丝华丽谄媚的嫌疑。他早期的作品包括《唐故工部尚书赠太子太师郭公墓志铭》《唐工部尚书郭虚已碑》《大唐西京千福寺多宝佛塔感应碑》等，但流传到现在的只有为数不多的几篇，《大唐西京千福寺多宝佛塔感应碑》就是其一。《大唐西京千福寺多宝佛塔感应碑》简称《多宝塔碑》，是颜真卿 44 岁时的楷书作品，现存于西安碑林。整幅作品的字径均为核桃大小，结构平稳缜密，一丝不苟，起、行、止都交代明显，毫无拖泥带水之相，笔墨流动间透露出媚秀之姿，同时也可感觉到雄浑的力量。清朝的王澍曾评价道：“鲁公书此碑浑劲吐风神，以姿媚含变化，正其年少鲜华时意到书也。”

颜真卿书法发展的第二个阶段是在 45 岁至 60 岁之间，为成熟期。此时的颜真卿正值意气风发之际，仕途平稳，书法之名人尽皆知。在学问渐长的同时，颜真卿的人格也更加完善，因此这一时期的作品最值得研究。他 46 岁时写下了《东方朔画赞碑》，在此之前，王羲之也曾用小楷写过此文，二者相较，便可明显看出“颜体”的独

《多宝塔碑》【局部】颜真卿（唐）

特风格，笔墨酣畅淋漓，运笔雄沉稳健，粗而不俗，拙而不笨，打破了“二王”留下的传统的审美特质。50 岁时，颜真卿最知名的作品《祭侄文稿》问世，这是颜真卿在没有任何铺垫与草稿的情况下，怀着悲痛的心情写成，目的在于悼念死于安史之乱的侄子季明。正是基于有感而发、痛彻心扉，整个文稿姿态横生，神采逸动，自然且精妙，被誉为“天下第二行书”。《祭侄文稿》共 23 行，每行 11 字到 12 字不等，计 234 个字，其与“天下第一行书”《兰亭集序》都属于草稿，但由于作者书写时的心情有天壤之别，致使书作也显现出了惊人的差异。《兰亭集序》赏心悦目，具有飘逸清新的美。《祭侄文稿》激荡起伏，传递给人的是一种激情澎湃。元代张敬晏评价《祭侄文稿》时说：“告不如书简，书简不如起草。盖以告是官作，虽楷端终为绳约；书简出于一时之意兴，则颇能放纵矣；而起草又出于无心，是其手心两忘，真妙见于此也。”

60岁后，颜真卿的书法进入第三个发展阶段。他历经世间悲欢离合，心境已然开朗，在书法上将圆、厚、稳、沉、拙、大等特点集中起来，意境悠远。尺幅最大的颜书——匾书“逍遥楼”也在此时出现，三个楷书大字高近三尺（约100厘米），气势雄伟，一丝不苟，是颜体中风格独特的作品。颜真卿另一晚期代表作品《麻姑仙坛记》，屡见“蚕头燕尾”的用笔风格，成为后世学习楷书的优秀范本之一。

《祭侄文稿》释文

维乾元元年，岁次戊戌，九月庚午朔，三日壬申，第十三叔银青光禄（大）夫、使持节蒲州诸军事、蒲州刺史、上轻车都尉、丹阳县开国侯真卿，以清酌庶修，祭于亡侄赠赞善大夫季明之灵曰：

惟尔挺生，夙标幼德，宗庙瑚琏，阶庭兰玉，每慰人心，方期戬穀。何图逆贼间衅，称兵犯顺。尔父竭诚，常山作郡，余时受命，亦在平原。仁兄爱我，俾尔传言。尔既归止，爰开土门。土门既开，凶威大蹙。贼臣不救，孤城围逼。父陷子死，巢倾卵覆。天不悔祸，谁为荼毒？念尔遘残，百身何赎？

呜呼，哀哉！

吾承天泽，移牧河关。泉明比者，再陷常山。携尔首榇，及兹同还。抚念催切，震悼心颜。方俟远日，卜尔幽宅。魂而有知，无嗟久客。

呜呼，哀哉！

尚飨！

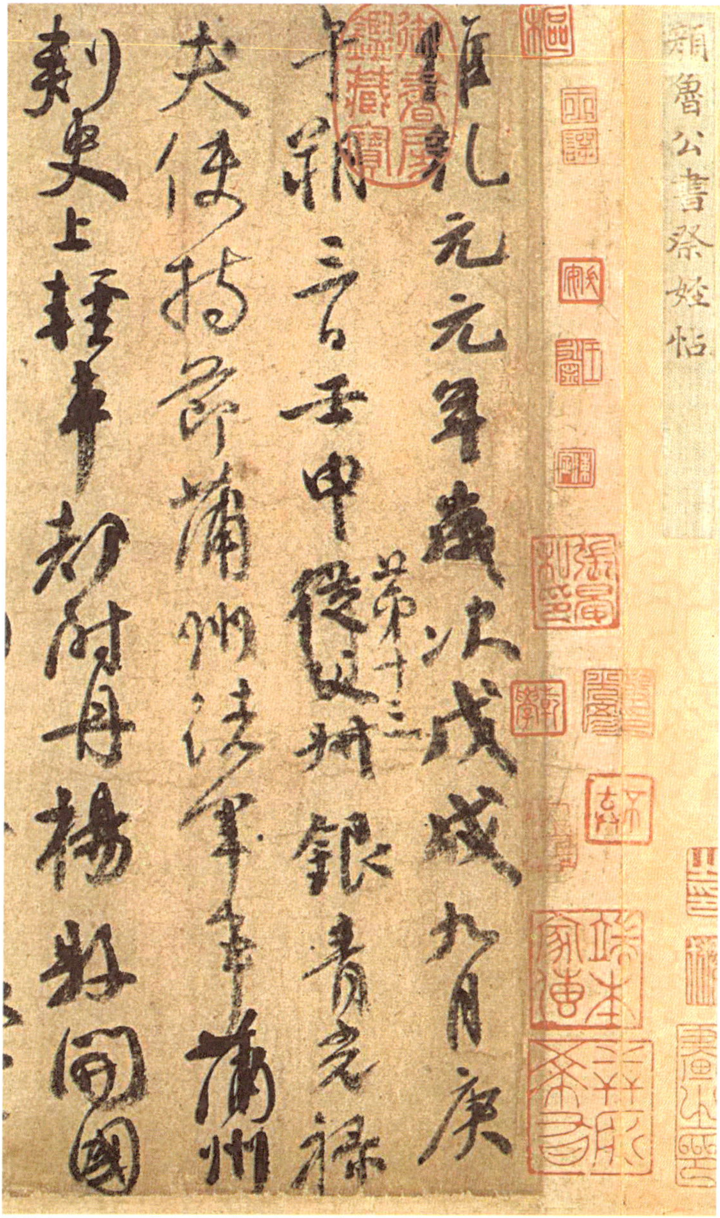

《祭侄文稿》【局部】颜真卿（唐）

柳公权：颜筋柳骨，引筋入骨

柳公权像

晋卫夫人在《笔阵图》中说："善力者多骨，不善力者多肉；多骨微肉者谓之筋书，多肉微骨者谓之墨猪。"可见，书法中的"骨"，并非一种剑拔弩张的态势，而是下笔者内心力量的展现。力道浑厚，但不失秀雅，这就是"骨"。正如现代美学家宗白华在《美学与意境》中所说："骨，就是笔墨落纸有力、突出，从内部发挥一种力量，虽不讲透视却可以有立体感，对我们产生一种感动力量。"而说到这种由书法的"骨"带来的力量，人们自然就会想到大书法家柳公权。

柳公权（778—865），字诚悬，京兆华原（今陕西铜川耀州区）人，出身于官宦之家，祖父柳正礼官至士曹参军，父亲柳子温曾担任刺史，哥哥则是唐朝有名的大臣柳公绰。柳公权自小就勤奋好学，对书法尤为着迷。

有一次，柳公权和几个小伙伴为了比拼谁的字写得最好，就在一棵大树下摆开方桌，举行“书会”。这时，恰逢一个卖豆腐的老人到大树下休息，柳公权就拿着写好的字过去询问：“老人家，您看我这几个字写得如何？”老人接过来一看，见柳公权写的是“会写飞凤家，敢在人前夸”，字迹间满含自信与张狂。但老人觉得骄傲的心态不利于小孩成长，于是皱着眉头回答道：“我看这几个字写得并不好，也不值得拿到人前去夸。你看，没筋没骨、有形无体的字，不就像我担子里的这些豆腐一样，软塌塌的吗？”柳公权在同龄人面前一向是最优秀的，也常常被长辈夸奖，此番被老人打击，心中很不服气地说道：“人人都赞我的字好，偏偏您就说不好，那您写几个字来给我看看？”老人连连摆手：“老汉哪里有提笔写字的能耐，不过这个世界上有这种能耐的人很多，不信你到华京城里去看一看，那里用脚写字的人都要比你写得好。”

带着不服气和好奇，柳公权来到华京城。这里果然有一个瘦骨嶙峋、残缺双臂的老人在路边摆摊卖字。只见他用左脚压着铺在地上的纸，右脚夹着毛笔在纸上龙飞凤舞，一会儿工夫便写出了一幅气势磅礴的字。柳公权佩服得五体投地，想拜这个残疾老人为师。老人连连摇头，说道：“孩子，你不必拜我为师，我并没有书法秘籍可以传授给你，而且我这一生也无法真正达到书法的境界。我之所以能够用脚写字，是因为写了近五十年光阴，以至于研磨的水就用去八缸了，而洗砚的大涝池也是池水尽黑。”最后，老人用脚写了几行字送给柳公权：“写尽八缸水，砚染涝池黑；博取百家长，始得龙凤飞。”年幼的柳公权心中有所觉悟，知道书法的境界高远，并非一朝一夕就能达到。此后，他发奋练字，手指上磨了许多茧子，衣服肘子处也是补了一遍又一遍，终于有了后来的成就。

柳公权在学习书法的道路上，真正做到了海纳百川。他首先吸收了魏晋时期的书法风格，潜心研究王羲之的书法，一笔一画，提笔转落，无不用心揣摩，使之变成自己的东西。而后，他遍观唐代名家书法，各取所长，在吸取颜真卿和欧阳询书法的基础上，融汇多年练习书法所得，逐渐形成了独树一帜的“柳体”，并与“颜体”合称为“颜筋柳骨”。

细观“柳骨”，涵盖了柳公权的骨力、骨体和骨气。柳公权写字非常注意骨力的体现，中锋突出，逆势而行，藏头护尾。他腕力十足，而且把这些力道均匀地灌注到了线条之中，笔势急速，撇捺、挑踢处迅出锋铦，而在转折的地方可见明显的骨节。他的书法内涵和意境多借鉴于颜真卿，尤其“颜体”蚕头燕尾的特点更是多有吸纳，只是相比较“颜体”瘦骨藏于丰腴、若隐若现的形式，“柳体”更见瘦削，骨直露其外。

柳公权写字还注重构造精美的骨体。其用笔非常精致，每一个细节都不放过，以至于一字一顿都严谨准确，每一“骨”都无懈可击，而且骨和骨之间的连接也非常缜密，就像是人体构造那样完美。这与柳公权的细心观察有关，曾有人笑言：“当我们看到一个人的顾盼生姿并为之动容的时候，柳公权则是长了透视眼，直接看到了这个人的骨体。”柳公权对书法的专注和高超的技艺可见一斑。

柳公权也是一个具有人格魅力和“骨气”的人。其自身的修养、大气和内涵在长期的修炼中，早已和字融为一体，撇捺点画间都能见到他的铮铮铁骨。说到柳公权的骨气，就不得不提到他的一个小故事。有一次，唐穆宗在寺院中看到了柳公权的字，特别喜爱，萌生了见见这位写字之人的念头。恰巧不久之后，柳公权来到京城办事，就被唐穆宗召进宫。唐穆宗和颜悦色地对柳公权说：“你的字，笔法刚劲有力，端正大气，写得非常出神入化，你是怎么练就的？为何朕不能写得这么好？”历史上的唐穆宗热衷于吃喝玩乐、游山玩水，根本不理朝政，更不要说关心百姓的疾苦。柳公权决定趁着这个机会劝诫一下

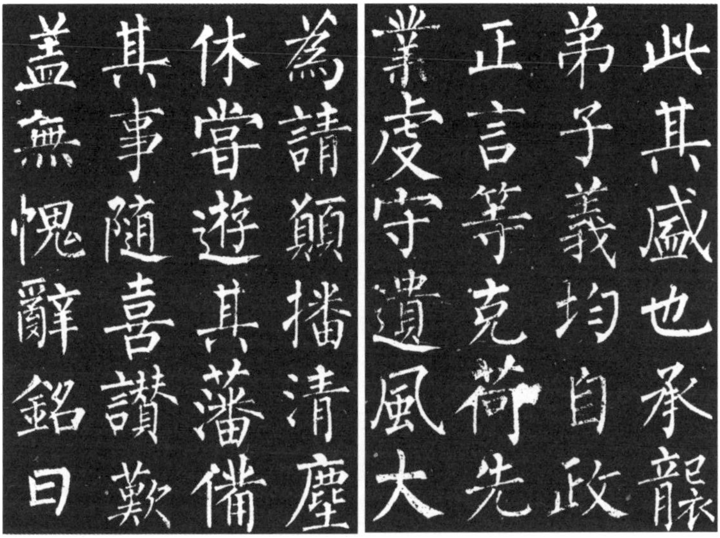

《玄秘塔碑》【局部】柳公权（唐）

皇帝，于是回答道：“写字用笔的秘诀在于用心，心是正的，笔才有可能端正，也才可能写出端端正正的字来。”柳公权直谏皇帝虽然并没有达到明显效果，但他的骨气为人敬仰。

由于书法技艺精湛，再加上为人正直，柳公权名声大噪。当时的公卿大臣家立碑志，都要到处托关系，请柳公权来书写。社会上甚至掀起了这样的风气，如果不是柳公权写的碑志，那么这家人就会被别人认为是不孝。因此，柳公权的作品保留下来的较多。西安西明寺的《金刚经碑》是柳公权早期的代表作品，此碑文兼收了不同时代书法大家，如钟繇、王羲之、欧阳询、褚遂良等人的精髓，杂糅汇合，又加入了柳公权自己的理解和特点，这也是柳公权自己颇为得意的大作。《广川书跋》中评价道：“此经本出于西明寺。柳书谓有钟（繇），王（羲之），欧（阳询），虞（世南），褚（遂良），陆（柬之）体。今考其书，诚为绝艺，尤可贵也。”又如《玄秘塔碑》

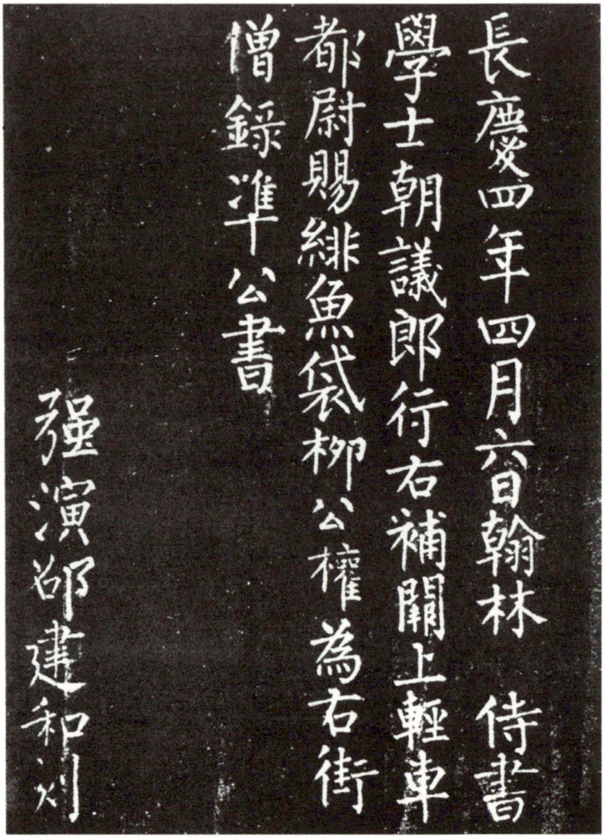

《金刚经碑》【局部】柳公权（唐）

是其楷书作品中的经典之作。此碑文全称《唐故左街僧录内供奉三教谈论引驾大德安国寺上座赐紫大达法师玄秘塔碑铭并序》，由裴休撰文，柳公权书写并篆刻的，全文共书 28 行，每行 54 个字，现存于西安碑林。整个作品笔力矫健，书体则端正瘦长，行与行之间顾盼生姿，气脉流畅，故有“以方取势，引筋入骨”之美赞。正如明朝王世贞所说：“玄秘塔铭，柳书中之最露筋骨者，遒媚劲健，固自不乏，要之晋法亦大变耳。”

蔡襄：启宋书之风气

书法自唐代被列为科举取士制度——身言书判中的一项，在有唐一代大放异彩，朝野上下莫不以善书为荣。至唐末五代，由于社会动乱，书法呈现出一派萧条的景象，名家屈指可数。直到北宋初期，书坛依然凋敝，加上誊录制度的实施断绝了书法与科举考试的关系，极大地影响了士人对书法的积极进取态度。北宋欧阳修曾感慨："书之盛莫盛于唐，书之废莫废于今。"尽管如此，北宋书坛在"宋四家"的带领下，提倡"尚意"风气，在中国书法史上仍然留下了光辉灿烂的一页。书法家蔡襄即是"宋四家"之一。

蔡襄像

蔡襄（1012—1067），字君谟，兴化仙游（今福建仙游）人，出身于普通农家，父亲蔡诱，母亲卢氏。蔡襄性情敦厚，小时即具有扶贫济困之心，常常施舍无家可归的乞丐。但蔡襄少年时也经历过因家贫而被人冤枉的事情。当时他在积善寺读书，寺中一只白鸡不见了，许多人都说是蔡襄偷走

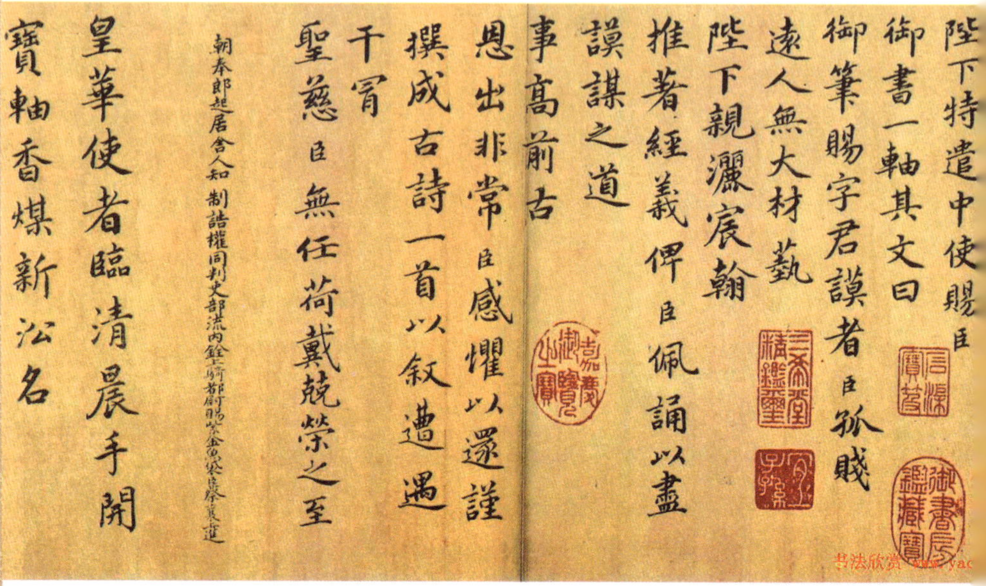

《谢赐御书诗表》蔡襄（北宋）

此帖为蔡襄楷书代表作，有唐楷之风，行墨持重，字字端严劲实。

的。其实这只白鸡只是在山洞里吃蚯蚓而整天没有出现，蔡襄反复解释，依然没人相信，最后只能黯然离开积善寺。这件事在蔡襄心中影响较大，此后他发奋读书，希望功成名就。天圣八年（1030），蔡襄进士及第，历任西京留守推官、馆阁校勘、知谏院等职，参与“庆历新政”失败后知泉州府事。回到少年时读书的地方，蔡襄想到受冤往事，为表白昔日清白，便捐钱重修积善寺，并把寺名改为太白峰寺，还亲笔题写了“太白峰”三字，寓意为判断问题时要有根据，不要凭空想象，造成误会。至今，该寺还留存着“太白峰”石刻碑字样。

蔡襄一生钻研书法，用功极深，全面地继承古人，楷、隶、草、行等各种书体都达到较高的水平，这在当时来说是绝无仅有的。对这一点苏轼有一段总结性的评论：“独蔡君谟书，天资既高，积学深至，心手相应，变态无穷，遂为本朝第一。然行书最胜，小楷次之，草书又次之，大字又次之，分隶小劣。又尝出意作飞白，自言有翔龙舞凤之势，识者不以为过。”在北宋初年书坛沉寂的状况下，蔡襄的出现对于振兴整个宋代书法来说也具有极其重要的意义。

虽然蔡襄在书法上成就斐然，但其为人非常谦虚，他婉拒书写温成皇后碑就是一例。皇佑六年（1054），31 岁的张贵妃暴病身亡，宋仁宗决定以皇后之礼为其发丧。下葬时，需立一块温成皇后碑。宋仁宗思前想后，觉得只有书法绝世的蔡襄才能担当起为爱妃书写碑文的任务，因而言辞恳切地向蔡襄表达想法。但蔡襄却礼貌拒绝，认为书写此碑是待诏的分内之事，自己不能越俎代庖。宋仁宗沉默，然后说道："什么分内分外，职责义务，朕说谁写谁就可以写。放心好了，朕会重重地赏赐爱卿。而且，难道你忘记，当年你想回乡孝母，朕是如何对你的？”蔡襄感念宋仁宗的恩德，慌忙跪拜道："皇帝之恩，臣没齿不忘。但臣丝毫没有想让陛下赏赐之意，臣若因为书写碑文而领取了陛下的赏赐，那就更无颜面对待诏。同朝为官，还望陛下谅解臣的难处。”宋仁宗听后作罢，慨叹道："君子之德啊！朕不难为爱卿了。”事后，待诏们知道此事，无不感激蔡襄。

关于蔡襄书法的师承，虽然历来少有文献记载，但还是能从他为数不多的传世作品中窥见端倪，其小楷笔画含蓄内敛，结体宽博、舒展大方，古意盎然，一派晋唐风流，整体风格与王羲之及虞世南比较接近，对魏晋及有唐一代名迹应该是下过不少工夫的，如《茶录》《荔枝谱》；中楷及大楷，雍容大度，劲健浑厚，主要取法颜体，又不时露出褚遂良、柳公权等唐代书法好手的痕迹，代表作有《颜真卿告身帖跋》《谢赐御书诗表》《万安桥碑记》等；而其行书、行草书和草书，风流婉转，婀娜多姿，又不乏刚劲端庄，主要取法二王，这类作品在起遗世作品中占了很大比例，并多以尺牍形式出现，如《澄

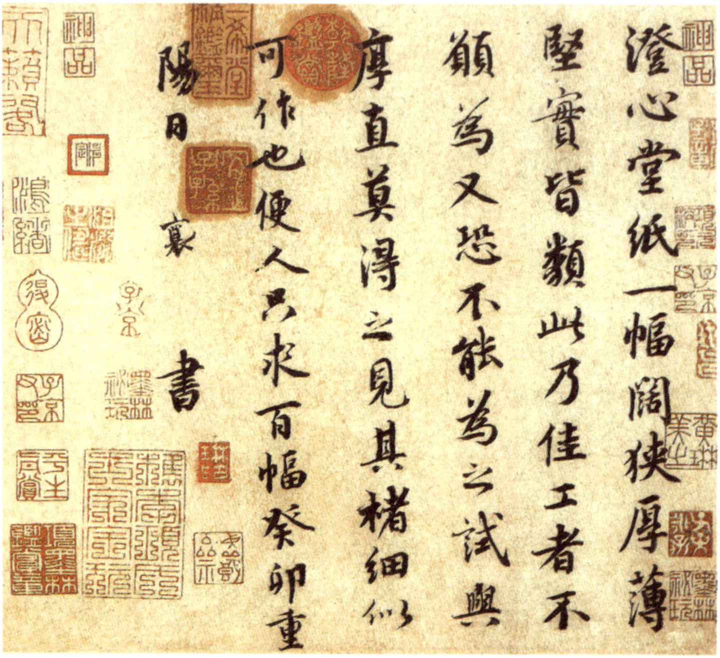

《澄心堂纸帖》蔡襄（北宋）

此帖为蔡襄的行书代表作，全文共6行，布白疏朗，点画丰腴流丽，笔致已露轻松灵动之倪，是比较典型的承唐人之法而开宋代书风的过渡性质作品。

心堂纸帖》《扈从帖》《陶生帖》《脚气帖》。然而，蔡襄的书法虽然全面继承古人并取得了一定的成就，但却并没有在此基础上有更进一步的突破，除行书一体独具味道之外，楷、草诸体大多未脱唐人藩篱，无甚超越。但从书法史的角度上看，蔡襄能够在当时书坛寂寥的环境下全面深入地继承传统，已是难能可贵。

蔡襄书法在其生前就受时人推崇备至，极负盛誉。如欧阳修评价道：“自苏子美死后，遂觉笔法中绝。近年君漠独步当世，然谦让不肯主盟。”黄庭坚也说：“苏子美、蔡君漠皆翰墨之豪杰。”北宋科学家沈括在《梦溪笔谈》中则评论蔡襄的草书：“以散笔作草书，谓之

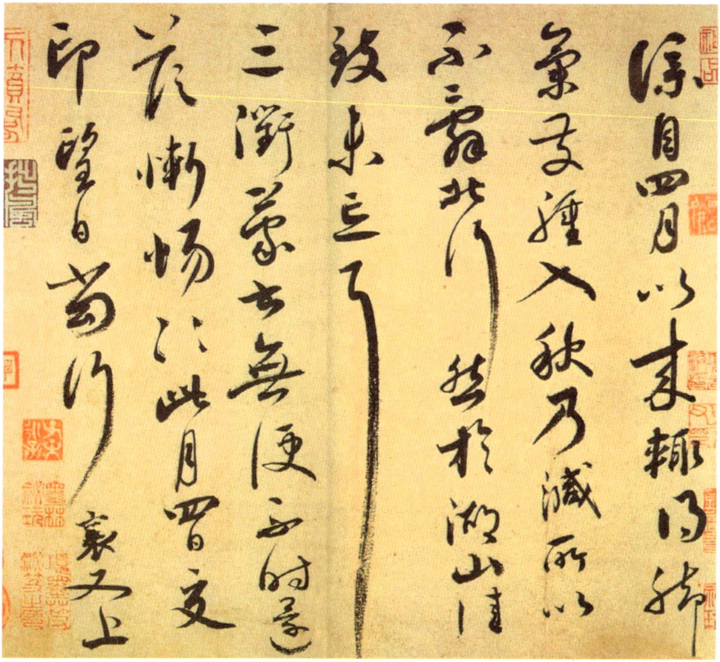

《脚气帖》蔡襄（北宋）

此帖别开生面，是蔡襄行草书的代表作，笔法精妙，行笔流畅，遒劲婉美。

散草，或曰飞草，其法皆生于飞白，自成一家。存张旭怀素之古韵，有风云变幻之势，又纵逸而富古意。”许将在《蔡襄传》说：“公于书画颇自惜，不妄为人，其断章残稿人悉珍藏，仁宗尤爱称之。”

在后世，也不乏推崇蔡襄书法之人。南宋诗人刘克庄就十分喜爱蔡襄的书法作品并收藏有许多蔡襄的书帖真迹。他对蔡襄书帖的真伪具有较高的鉴赏和辨别能力，常与好友方孚若观赏蔡襄的《茶录》《真草千文》《唐太宗哀册》等书法遗迹。刘克庄曾说：“《茶录》，余凡见数本，此本与《临真草千文》《唐太宗哀册》顷屡同方孚若借观，主者出于袖中，卷舒才毕，急袖之去，其秘惜之如此。”

苏轼：满纸悲凉《寒食帖》

“一门三父子，都是大文豪。诗歌传千古，峨眉共比高。”朱德这句话说得是中国历史上著名的三苏父子：苏洵、苏轼和苏辙。在“唐宋八大家”中，三苏尤其引人注目，其中又以苏轼成就最高。

苏轼（1037—1101），字子瞻，又字和仲，号东坡居士，眉山（今四川眉山）人，世称苏东坡。苏轼仕途坎坷，一生中大部分的时间是在贬黜中度过。宋仁宗嘉祐二年（1057），苏轼中进士，进入仕途，十多年后因反对王安石变法，被贬杭州。之后，他又被卷入乌台诗案，被捕入狱。元丰二年（1079），宋神宗赦免其死罪，并将他流放黄州（今湖北黄冈），在黄州期间，心忧家国的苏轼写下了千古名赋《赤壁赋》。元丰七年（1084），苏轼的流放生涯结束，回到京城。但不久之后，苏轼又再次被贬到遥远的海南岛，直到建中靖国元年（1101）宋徽宗登基大赦天下，他才得以返回。然而，在途经常州时，苏轼便病逝，时年 66 岁。

苏轼虽然仕途不顺，却是一位伟大的文学家和书法家。在书法上，他取法于“二王”、李邕、徐浩、颜真卿、杨凝式等前代书法大家，并将各家风格糅化后，最张终于形成了丰腴跌宕、天真烂漫的个人风格，其书法也被称作“苏体”。

《题竹图》杜堇（明）

此图描绘了苏轼题竹的场景。画面正中高帽长须、执笔题竹者为苏轼，左侧一童子端砚侍候，右侧一老一少正在聚精会神地观看。

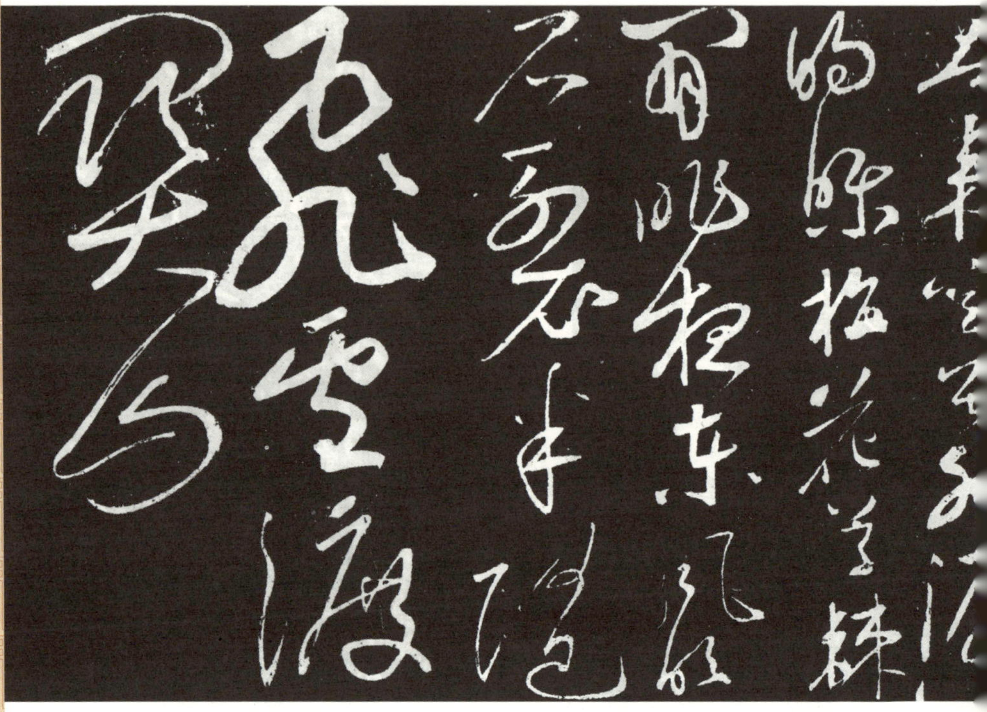

《梅花诗帖》苏轼（北宋）

这是苏轼用草书写成的梅花诗，开篇为行草，中途迅速转为狂草。

苏轼留下的书法趣事有许多，其中可见其性情和才情。如“可作八哥”的故事就是其一。苏轼与李公择、刘攽为好友。由于李公择写草书时，有些字不知道用草书该如何写，便以正楷或行书代替，所以刘攽把他比做学人说话的鹦哥，并称其草书是“鹦哥娇”。李公择听了，便着意留心草书的写法，笔下功力渐长，但夹写楷、行的毛病始终未完全改掉。一次，他特地写了几张草书给苏轼，询问：“我近日写的草书，比起从前写的怎样？”苏轼仔细观察之后，写信回答道：“可以作八哥了。”八哥又名“鸲哥”，同鹦哥一样也会学人话。苏轼说这句话的意思是，李公择的草书虽然有进步，但还都是学别人的，没有写出自己的风格。苏轼的幽默与直爽，以及他对书法的鉴评能力在一问一答之间尽显。

再比如“书画息讼”的故事。说的是苏轼在杭州做通判时，有李姓者控诉张三欠债不肯归还。苏轼传张三问话，才知道张三以制扇为业，曾借李姓者两万文，本该上月还钱，但适逢连日阴雨，扇子没有卖出去，且其父突然病故，因办丧事花了许多钱，便没有及时归还欠款。苏轼在公堂上认真打量张三，觉得他是一个诚实的人，就有心想帮助这个生活处于困难中的人。他在张三制作的扇子上面，写上行书、草书，或点画枯木竹石等，然后让张三拿去售卖以还钱。结果张三刚走出公堂，在衙门前听审的观众就围上来抢购他手中的扇子。张三最终得到两万文还给李姓者，官司了结。可见，苏轼的书画之名在当时就已名扬天下。

苏轼的书法代表作当属有“天下第三行书”之誉的《寒食帖》。此帖创作于宋神宗元丰五年（1082），共17行127字，内容是两首五言古风诗。

其一：

“自我来黄州，已过三寒食，年年欲惜春，春去不容惜。今年又苦雨，两月秋萧瑟。卧闻海棠花，泥污燕支雪。闇中偷负去，夜半真有力。何殊病少年，病起头已白。”

其二：

“春江欲入户，雨势来不已。小屋如渔舟，蒙蒙水云里。空庖煮寒菜，破灶烧湿苇。那知是寒食，但见乌衔纸。君门深九重，坟墓在万里。也拟哭途穷，死灰吹不起。”

写《寒食帖》时，苏轼已经在黄州待了三年。当时正值寒食节，

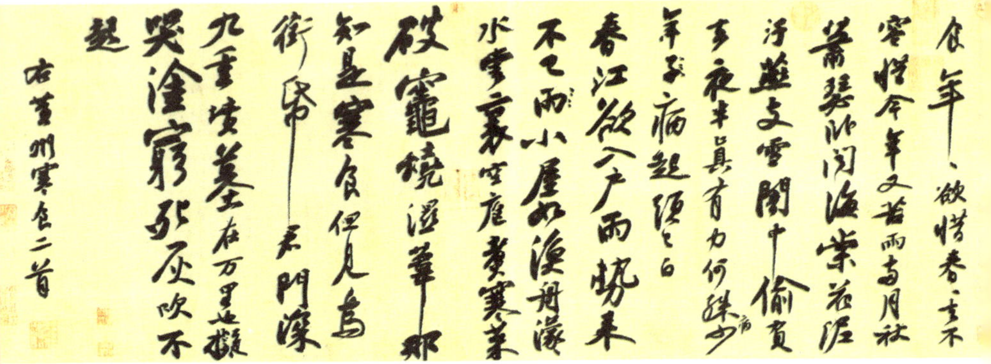

《寒食帖》苏轼（北宋）

苏轼想到自己 46 岁却身在流放之地，满腔抱负却无处施展，不禁生出惆怅孤独之感。从此帖的运笔中，也可看出苏轼当时的烦苦：刚书写时，字迹小且工整，整体气氛也很平和，仿佛在轻声诉说内心的痛苦。渐渐地，笔势开始奔放起来，字也越写越大，势如钱塘江大潮，惊涛拍岸，苏轼感情的闸门也完全打开。但是这种放纵却不是毫无理性的，情感肆意奔流却不乱，笔意于高远中可见清新坚劲。在《寒食帖》中，人们还能寻到一丝禅意。参禅悟道本是禅家之事，但是在宋代，文人喜禅成了风尚。苏东坡也喜欢悟佛参禅，由此对自然和人生有了不一样的体悟，也就直接影响了他的书法创作。黄庭坚在跋语中高度肯定了此帖的价值：“此书兼颜鲁公、杨少师、李西台笔意，试使东坡复为之，未必及此。他日东坡见此书，应笑我于无佛处称尊也。”

正是由于《寒食帖》的珍贵，其流传也成了人们关注的问题。但《黄州寒食帖》在近代历经了一段多灾多难的时期。清咸丰十年（1860），英法联军火烧圆明园，《寒食帖》险遭焚毁，流落民间后为冯展云所得。后几经辗转，于 1918 年传到名画家、大收藏家颜韵伯手中。1922 年，颜韵伯在日本东京游玩期间，将《寒食帖》高价出售给日本收藏家菊池惺堂。1923年9月，日本东京发生大地震，菊池惺堂家中遭灾，所藏古代名人字画几乎被毁一空，当时菊池惺堂冒着生命危险，从烈火中将《寒食帖》抢救出来，一时传为佳话。第二次世界大战期间，东京屡遭美国空军轰炸，《寒食帖》幸而无恙。《寒食帖》流失海外一直使华夏子孙耿耿于怀。第二次世界大战刚一结束，国民政府外交部长王世杰私嘱友人在日本访觅《寒食帖》，当知下落后，即以重金购回，并题跋于帖后，略述其流失日本以及从日本回归中国的大致过程。千年国宝依赖王世杰先生之力回归祖国，至今仍珍藏在台北故宫博物院。

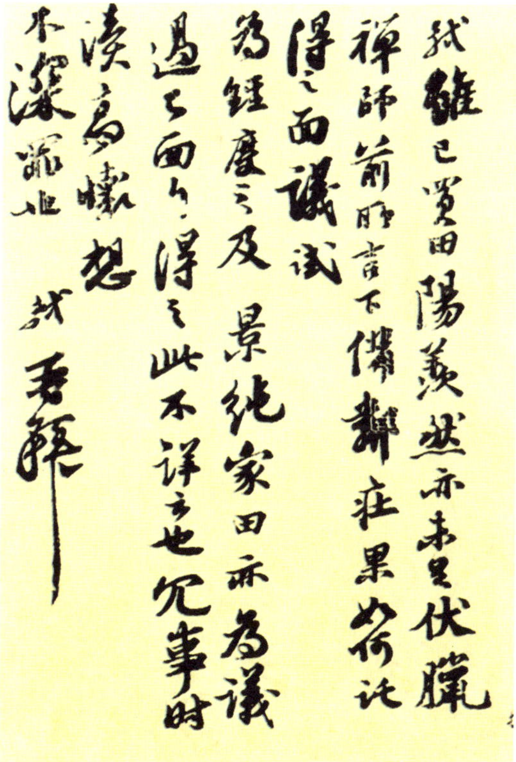

《阳羡帖》【局部】苏轼（北宋）

黄庭坚：仕途坎坷，书法不惰

宋徽宗崇宁三年（1104），大宋王朝西南边陲小城宜州的一座院落里，红梅盛开，花香满园，一位年届花甲的文士面对此情此景，写下了这样的词句：“天涯也有江南信，梅破知春近。夜阑风细得香迟，不道晓来开遍向南枝。玉台弄粉花应妒，飘到眉心住。平生个里愿怀深，去国十年老尽少年心。”这个文士就是贬官至此的书法家、词人、诗人黄庭坚。

黄庭坚（1045—1105）一生苦心孤诣，在诗、词、书法上皆取得不凡造诣。他的诗效法杜甫，强调读书查据，以故为新，讲究“无一字无来处”和“脱胎换骨，点铁成金”，开创了江西诗派。他的书法以侧险取势，纵横奇倔，字体开张，笔法瘦劲，在宋代书法诸家之中独树一帜，自成一体。

才华横溢的黄庭坚，其人生故事也颇为精彩。宋仁宗庆历五年（1045），历时一年多的“庆历新政”宣告失败，主持新政的范仲淹、欧阳修等名臣被仁宗皇帝贬出朝廷。不久之后，黄庭坚便出生在洪州分宁（今江西修水）一户书香世家，他的父亲黄庶乃是庆历二年（1042）进士，虽然仕途不畅，但在文辞方面颇有心得。黄庭坚自幼便接受良好的家教，再加上自身聪颖好学，很小时便表现出了过人

《西园雅集图》华岩（清）

此图表现了黄庭坚、苏轼等16名文人雅士在驸马都尉王诜宅第西园聚会的情景。《西园雅集图》原为王诜请北宋著名画家李公麟所作，后世画家多有摹本，本图为清代画家华岩的摹本。

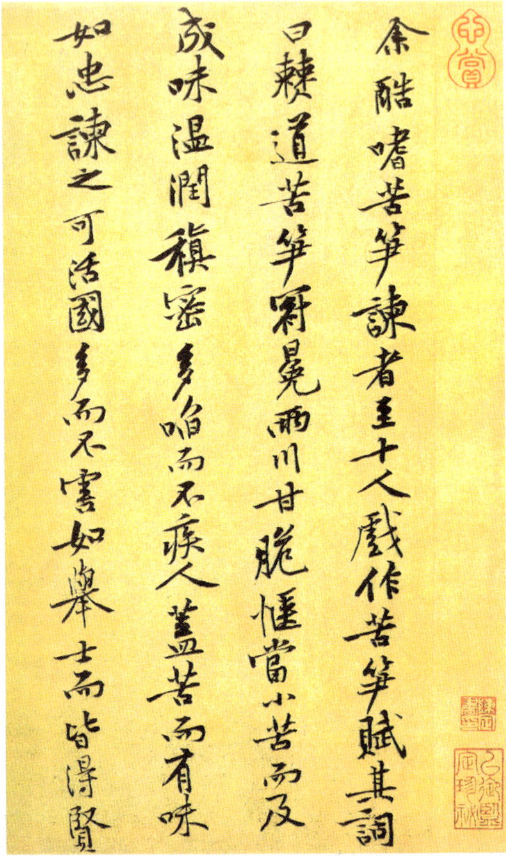

《苦笋赋》【局部】黄庭坚（北宋）

这是黄庭坚行楷书的代表作，笔势遒劲，英俊洒脱，显示出豪放的雅韵。

的才智。据历史记载，他的舅舅李常是当地著名的诗人兼藏书家，时常到黄家与黄庭坚的父亲谈论诗文。有一次，李常抽取黄家书架上的书籍考问年幼的黄庭坚，结果他对答如流。这令李常大为惊讶，颇为欣赏地称赞外甥为“千里之才”。年长之后，黄庭坚果然不负众望，于宋英宗治平四年（1067）高中进士，而这一年他才刚刚 23 岁，在有着“五十少进士”之说的唐宋时期，黄庭坚可谓是少年得志。高中进士之后，黄庭坚很快便被朝廷任命为叶县县尉。不久之后，宋英宗驾崩，宋神宗继位，黄庭坚又参加了神宗熙宁初年（1068）的“四京学官”考试，由于应试的文章最优，被朝廷任命为北京（今河北大名）国子监教授。也就是在这一时期，黄庭坚和日后对他产生重大影响的苏轼开始交往，那时苏轼看到黄庭坚的诗文大为欣赏，评价其为“超凡绝尘，卓然独立于千万诗文之中”。

得到当时文坛领袖苏轼的称道，黄庭坚由此名动四方。他和苏轼之间也留下了许多传颂千古的趣事。作为文学大家，两人见面常吟诗作对，以增加谈话兴趣。一次，两人在松树底下围棋，苏轼刚投下一子，一颗松子忽然掉在棋盘上。过了不久，又落下一颗。苏轼盯着松子，随口说道：“松下围棋，松子每随棋子落。”黄庭坚举目四望，看见不远处有条小河，河边几株柳树随风飘动，而柳树下则坐着两三个正在垂钓的渔夫。黄庭坚心念微动，对出下句：“柳边垂钓，柳丝常伴钓丝悬。”又有一次，黄庭坚和苏轼乘舟出游，至晚方归。当时正值晚霞映水，金波荡漾。黄庭坚诗兴涌动，当即吟了一联：“晚霞映水，渔人争唱满江红。”苏轼思忖片刻，便对出下联：“朔雪飞空，农夫齐歌普天乐。”二人以文交友，生活雅意多姿而妙趣横生，令人欣羡。然而，随着“乌台诗案”的发生，不仅苏轼接连贬官，与苏轼经常有诗文往来、相交甚密的黄庭坚也受到牵连，被贬谪出京城。此后，黄庭坚的仕途便一直不畅，期间虽然也短暂地得到朝廷重用，但后半生的大部分时间都是在贬谪中渡过。但从另一角度来看，这对黄庭坚在书法等方面的造诣却大有益处，不必忙于俗务的他有更多的时间去研习书法和诗文。

黄庭坚善写行书，而对他的行书书法影响最大的当属“二王”。他上溯晋唐，充分吸收前人精华，期间曾写下过一首诗：“世人尽学兰亭面，欲换凡骨无金丹。谁知洛阳杨风子，下笔便到乌丝栏。”表达了自己在学习王羲之书法过程中的感悟。在黄庭坚研习“二王”，学习前人经典书法的同时，现实生活中对其书法影响最大的莫过于苏轼。作为“苏门四学士”之首，黄庭坚一直将苏轼视为师长以及榜样，他的手札小行书中便可看到十分浓重的“苏式风格”。黄庭坚在留下的许多书法理论著作中，更是对苏轼的书法推崇备至，称“予与东坡俱学颜平原。然予手拙，终不近业”。值得玩味的是，苏轼的书法在一定程度上也受到了黄庭坚的影响。例如苏轼所作的《祷雨帖》，从容娴雅，行笔松缓，笔意与黄庭坚极为相似，甚至令人怀疑此帖乃是黄庭坚为之代笔。

大约在黄庭坚 40 岁之际，他于江苏镇江焦山断崖石上见到了著名的《瘗鹤铭》行书摩崖石刻。相传六朝之时，一位化名“华阳真逸”的隐士得到了一只仙鹤，十分喜爱，常带着它云游四方，然而到镇江时仙鹤竟然命绝于此。隐士非常伤心，以玄黄的丝绸包裹鹤的遗骸，将它葬在焦山下，随后写下了《瘗鹤铭》进行凭吊。成文之后，隐士又雇佣工匠将全文刻在焦山摩崖石壁上，使这篇行书佳作得以流传千古。黄庭坚见到《瘗鹤铭》后大为赞赏，将其尊为“大字之祖”，并坚信这幅作品是王羲之所书，“华阳真逸”也是王羲之的化名。此后，一向对王羲之尊崇有加的黄庭坚开始倾力研习《瘗鹤铭》。尽管后人证实《瘗鹤铭》并非王羲之所作，而是另有其人，但黄庭坚却歪打正着，在研习这幅作品的过程中形成了长枪大戟、绵劲迟涩的书风。

黄庭坚书写绝笔行书《范滂传》的事迹也历来为人传颂。范滂是东汉大臣，廉洁公正，疾恶如仇，但也因此招来权贵的嫉恨。范滂深感官场险恶，于是弃官归隐，但后来还是被牵扯到“党锢之祸”中，最后死于狱中。这样的经历，与黄庭坚颇为相似，因而黄庭坚在生命的最后时刻，回想往事，提笔写下《范滂传》，借以抒发心中抑郁之

《范滂传》【局部】黄庭坚（北宋）

情。当黄庭坚写到范夫人携带儿子为范滂送行时，只觉胸中义愤不已，竟把笔管折断。在他旁边的友人，看懂了黄庭坚的无奈之情，默默取来一只毛笔放到黄庭坚手中，使他得以将想说的话都写在《范滂传》里。因此，《范滂传》不仅是雄伟飘逸、沉着痛快的书法作品，也是黄庭坚呕心沥血的结晶，是其对自己人生信念的注释。

虽然黄庭坚以行书见长而成为宋四家之一，其草书却同样精妙绝伦。黄庭坚的草书最早效法周越，后来主要师从张旭、怀素等人，在草书方面的造诣越发精进，最终形成了属于自己的独特风格，正如他

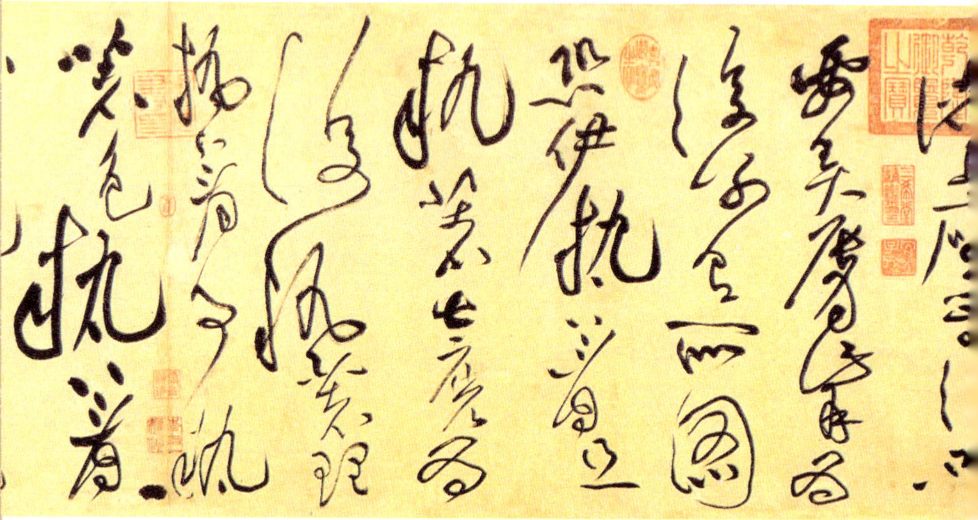

《诸上座帖》【局部】黄庭坚（北宋）

自己所说的："余学草书三十余年。初以周越为师，故二十年抖擞俗字不脱。晚得苏才翁子美书观之，乃得古人笔意；其后又得张长史、僧怀素、高闲墨迹，乃窥笔法之妙；于僰道舟中，观长年荡桨，群丁拨棹、乃觉少进，喜之所得，辄得用笔。"

宋代士大夫参禅之风盛行，黄庭坚也不例外。他对禅宗的深刻领悟也影响了书法的创作，以禅入书成为黄庭坚书法的一大特色，这一点在他晚年所作的《诸上座帖》中尤为明显。这幅草书作品笔意纵横，变化无穷，其中所展现出的吞吐宇宙、横扫八极的气势，与禅宗所说的即性成佛、以本心成事的理论相通。这是黄庭坚书法的独特风格，基于此，黄庭坚开创出了中国草书的又一新境。

米芾：人狂字更狂

在后世之人眼中，米芾是一个不依循常理的“狂生”，性情怪异，举止癫狂，被人称为“米颠”。关于他的“颠”，也流传有一个小故事。米芾一生痴爱奇石，据记载，他在安徽做官时，有一次听说濡须河边有一块奇形怪石，当时人们出于迷信，将这块石头封为“神石”。米芾听说此事，立即亲自前往“拜会”。一见之下，果然十分喜爱，于是命人将奇石搬到了自己家中，随后摆好供桌，上好供品，向怪石下拜，嘴里还念念有词：“我想见到石兄已经二十年了，相见恨晚啊。”后来此事在官场上传开，一时成为趣谈。然而，他的政敌借此发挥，参劾他“举止荒唐，有失体统”，米芾因此被罢官，但他依然毫不在意。

《米芾像》叶衍兰（清）

米芾虽然是个“癫狂”之人，才情却流芳后世。其绘画自开一派，被称为“米家山水”；书法也自成一体，篆、隶、行、草、楷皆能，尤以行草造诣最高。而且米芾擅长临摹古人书法，甚至能达到以假乱真的地步。现今流传于世的许多宋代之前的大家之作，很多实际上都是米芾的临摹之作。

那么，米芾到底是一个怎样的人？历史上的米芾，出生于世家，祖籍在山西太原，先祖为宋初勋贵，后举家迁往江苏镇江，父亲官至左武卫将军，母亲则为宋神宗乳母。米芾幼时聪敏过人，有着惊人的记忆力，六岁学诗便能过目不忘，每天可以背诵百首诗词。他八岁时学习书法，十岁摹写碑刻，刻苦临摹颜、柳、欧、褚等唐代书法家的作品，打下了厚实的基本功。米芾年长之后，因宋神宗念及米母哺育之情，便提携米芾为广东浛光县尉，后又升迁至秘书省校书郎、内府书画学博士、礼部员外郎和淮阳权知军州事等职。米芾为官颇有贤能，但因为人放荡不羁，对于官场恶习尤为厌恶，因此得罪了不少权贵。所以既有才能，又有宋神宗作为靠山的米芾在仕途上走得并不顺畅，每个官职都任职不长，也未能身登高位，不过幸运的是他并未像苏轼、黄庭坚一般卷入政治风波，从而能够将全部精力投入到书法艺术中。

米芾在宋四家中虽然位列苏轼、黄庭坚之后，但若抛开苏轼一代文坛领袖的崇高地位和黄庭坚在江西诗派中的影响，单以书法来说，米芾的功力最为深厚，尤其在行书方面更是超过苏轼、黄庭坚二人。

米芾的书法造诣并非天成，而是后天刻苦努力的结果。史料记载，他每日临池不辍，自称“一日不书，便觉思涩，想古人未尝半刻废书也”，而“写《海岱诗》，三四次写，间有一两字好，信书亦一难事”，一首诗写了三四次，还只有一两字满意，可见米芾创作态度之严谨。他的儿子米友仁也曾说“父亲在大年初一都不忘写字”。米芾早年学习唐人书法，但唐代书法讲求法度森严，这对生性洒脱怪诞

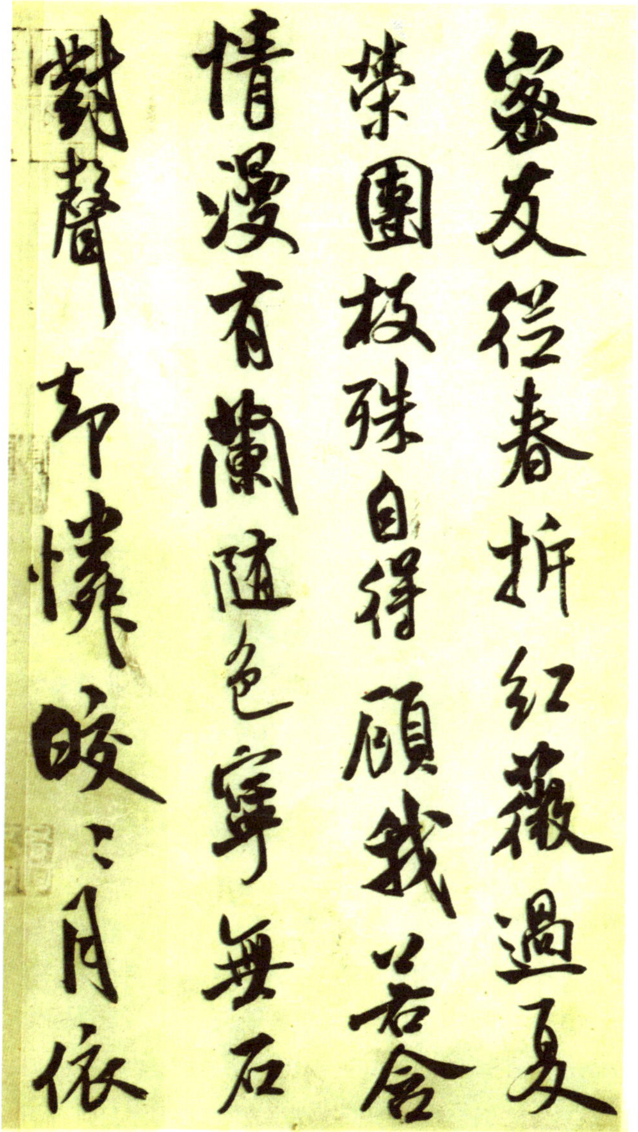

《苕溪诗卷》【局部】米芾（北宋）

此帖系米芾书风初定之时的代表作品，用笔偏于厚重，且丰富多变，尽显其“八面出锋”之能。

的米芾而言显然太过“规矩”。待到苏轼被贬黄州时，米芾前去拜访，苏轼对他的书法大加赞赏，同时劝他学习晋人书法。两晋书法潇洒清逸，的确更符合米芾的审美情趣。此后，米芾走上了卑唐尚晋的书法道路，开始潜心学习魏晋书法，甚至将自己的书斋取名为“宝晋斋”。

在尚晋时期，米芾寻访到许多晋人法帖，将王羲之、王献之等晋代书法大家的书法作品临摹过无数遍。有不少人认为，现在流传下来的许多东晋王献之的墨迹实际上是米芾的临摹之作。关于这一说法，还有一个流传颇广的故事。相传一个商人曾经携带王献之的真迹来到米芾家，想要将字以高价卖给他。米芾对商人说：“你先把字放这里，五天后再来，我若要，你把钱拿走；我若不要，你把字拿走。”五天后，商人再次登门，米芾说：“价钱太高，你又不让价，请你把字拿走吧。”说着就把作品打开，请商人验过之后归还于他。商人回到家中，总觉得内心忐忑，于是第二天又去了米芾家。米芾见到他后哈哈大笑：“我就知道你今天一定会回来的。”商人这才意识到米芾和自己开了一个玩笑，说道：“是我眼拙，把您的临本拿走了，今天特来奉还。”米芾依旧大笑道：“你不来找我，我也一定会去找你。好了，原本你拿走，临本还给我。”但是商人没有想到，实际上他第一天拿走的的确是真迹，第二天换走的才是米芾的临本。

在学习书法的技巧方面，米芾自称为“集古字”，即学习古人风格。根据米芾对自己学习书法过程的描述，他在苏轼指点下学习晋书之前，主要受颜真卿、欧阳询、褚遂良等几位唐代书法家的影响。例如在米芾早期的作品中，“门”字右角的圆转、竖钩的陡起以及蟹爪钩等，都集自颜真卿的行书；外形竦削的体势无疑是受到欧阳询的影响；行书面目则与褚遂良相似。米芾虽然集古字，但他“天姿辕轹未须夸，集古终能自立家”。对于书法的结构、用笔以及分布等，米芾都有自己独到的见解。他追求“稳不俗、险不怪、老不枯、润不肥”的奇正相生之态，把裹与藏、肥与瘦、疏与密、简与繁等对立因素融合起来，最终达到了“骨筋、皮肉、脂泽、风神俱全，犹如一佳士”的境界。

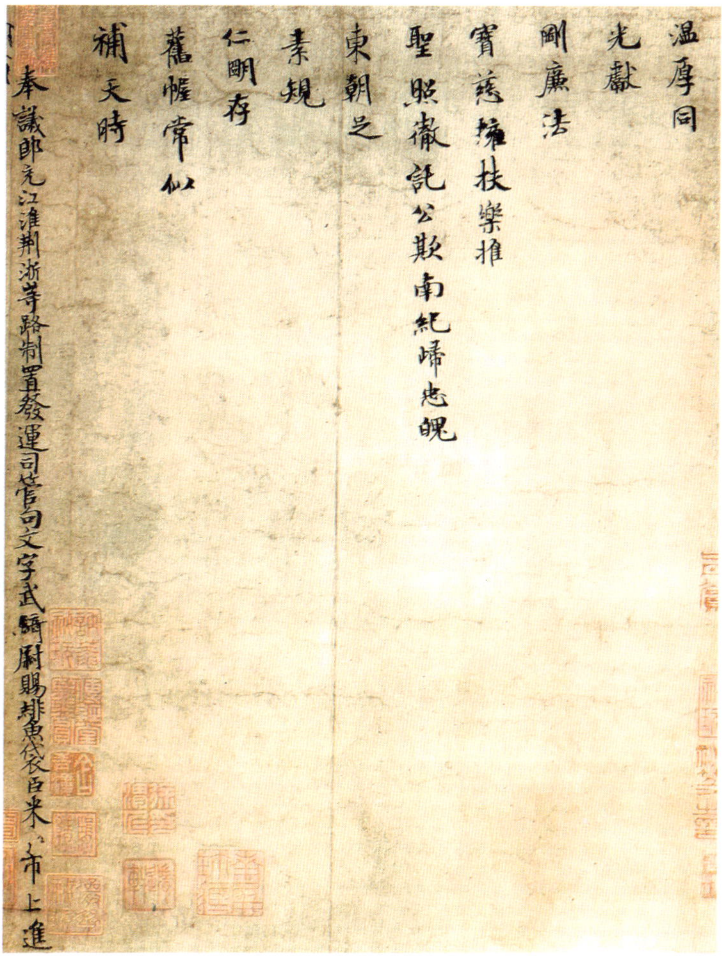

《向太后挽词帖》米芾（北宋）

晚年时期，米芾的书法风格逐渐定型，形成了他自称的“刷字”之法。所谓“刷字”之说，一方面是米芾的自谦，另一方面也恰到好处地总结出了其书法的精要之处：运笔挥洒自如，迅疾劲健，有快刀利剑的气势。这一时期，米芾的书法作品，无论是诗帖还是尺牍，都写得痛快淋漓，变幻莫测。苏轼曾称赞其行书是“风樯阵马，沉著痛快”，可以与钟繇、王羲之的书法并行。

米芾的书法于后世影响也十分深远，明代人尤其推崇米书，大书法家董其昌就曾说：“吾尝评米字，以为宋朝第一，毕竟出于东坡之上。即米颠书自率更得之，晚年一变，有冰寒于水之奇。”而其他明代大家，如文征明、祝允明、陈淳、徐渭等，莫不效法米字，时至今日，仍有不少书法家从米字中求取“心经”。

不过，米芾的书法并非毫无缺点，自他的风格定型之后，便一发不可收拾的地追求字“势”，即使是在《向太后挽词帖》这样的小楷作品中，仍然写得跃跃欲“势”，这既是他的优点，同时又成了他的缺陷。另外，米芾的造诣主要在于行书，其他字体不太擅长。

赵佶：能书善画的风流皇帝

书法史上不乏书艺高超的皇帝，自唐代李世民、李隆基二帝之后，宋代又出现了一位能书善画的君主，他对书画的痴迷甚至到了无心处理军政大事的地步，最终导致灭国，这就是既为艺术天才，又昏庸无为的宋徽宗——赵佶。

赵佶（1082—1135），为宋神宗子、宋哲宗弟，元丰八年（1085）封遂宁郡王，绍圣三年（1096）封端王。由于宋哲宗无子，他在其母向太后的支持下登上皇位。登基之后，赵佶为调和新旧党争，重用蔡京、高俅、王黼、童贯、梁师成、汪伯彦、朱勔、李邦彦等奸臣酷吏，推行暴政，又崇奉道教，自称“教主道君皇帝”。同时，他在生

砚台

《浓芳诗帖》【局部】赵佶（北宋）

此帖为赵佶瘦金书代表作，结字瘦长，上紧下松，笔势向外伸展，字形大小差别不大，飘逸流动，神采外耀。

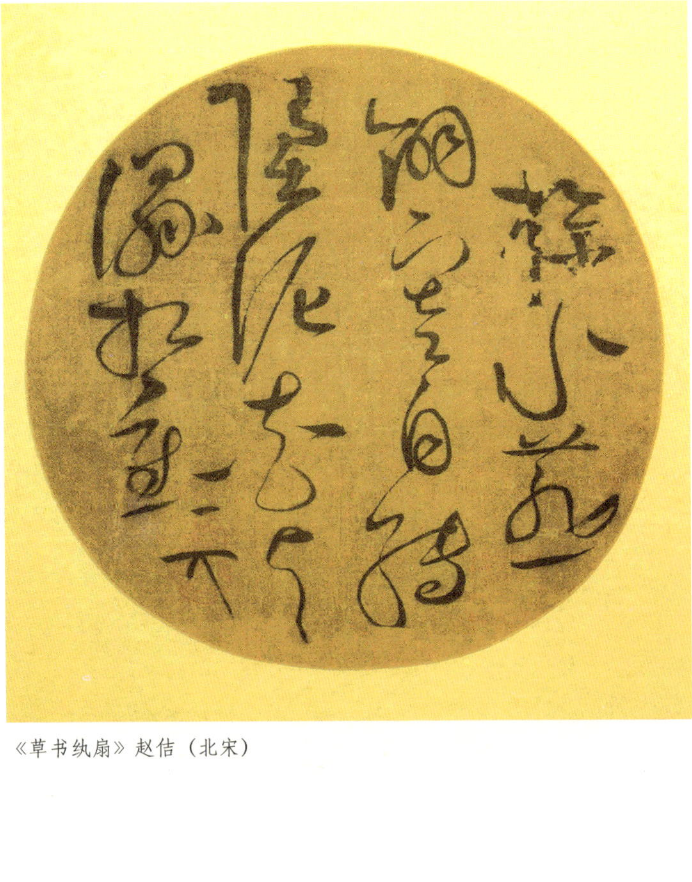

《草书纨扇》赵佶（北宋）

活上也穷奢极欲，大肆搜刮民财、奇花异石，导致国内矛盾激化，内外交困。宣和七年（1125），金军攻打北宋都城汴京，宋徽宗禅位于儿子赵桓，自称太上皇。1127 年靖康之变中，赵佶为金人所俘，后死于五国城。

事实上，有昏君之名的赵佶在执政之初还是励精图治，能虚怀若谷地听取各种不同意见。宰相张商英劝他要克勤克俭，不要大兴土木，赵佶欣然接受，在行事中多有注意。一次，赵佶让人整修升平楼，还特意嘱咐监工："如果张宰相经过这里，须速把工匠藏到楼里去，不要让他看到。"曾经也有一位敢于直言的大臣抨击童贯等宦官胡作非为，他对着赵佶侃侃而谈，一直到傍晚时分还没有结束。赵佶饥肠辘辘，饿得无法忍受时就站起来说道："今天先到这儿，朕饿坏了，找机会再听你说吧。"结果，这位耿直的大臣直接拉住皇帝的衣服，不让皇帝离开，以至于把衣服都扯坏了。赵佶大叫道："你把朕的衣服都撕碎了。"大臣立即回答："陛下不惜衣服撕碎，臣子我何惜粉身碎骨报答陛下。"赵佶相当感动，换下衣服后让侍从好好保存起来，以用它表彰正直有节操的大臣。

赵佶酷爱艺术，其本身也是一个书画大家，为书画艺术在宋代的发展和繁荣做出了不可磨灭的贡献。他在位期间，不仅将书法列入科举考试，又设宣和书画院，网罗全国的书画名家与鉴藏高手，使翰林书画院集中了当时全国的众多高级精英，如书法名家如米芾、蔡京、蔡卞都在这里供职。与唐太宗相比，赵佶更进一步将书法的发展落到了实处。大观三年（1109），赵佶发现《淳化阁帖》问题颇多，遂令龙大渊等将部分秘府所藏书迹摹勒上石，由此，继《淳化阁帖》之后又一部著名的丛帖《大观太清楼帖》问世，这对书法史的贡献是极大的。此外，赵佶还命人将历代著名的书法家、画家及钟鼎彝器的资料汇总、整理，编为《宣和书谱》《宣和画谱》《宣和博古图》三书，为保存书法史料等方面做出了足以彪炳书法史的贡献。

赵佶与书法家交往的故事，为历代文人骚客津津乐道。他与大书法家米芾之间就有颇多趣事。有一次，赵佶令人在瑶林殿张挂两丈（约6.7米）长的画绢，摆上珍贵的笔墨纸砚等，召米芾写字。米芾于笔走龙蛇间飞快写好作品，并大呼：“奇绝陛下！”赵佶非常高兴，赏赐米芾众多宝物。在一次宫殿修建完整后，赵佶也曾让米芾写字。米芾非常喜爱砚台，用完赵佶御用的一块珍贵砚台后，一本正经地说道：“这块砚台被臣濡染过，已经不堪再让陛下使用了。”赵佶会意，直接将砚台赏赐给他。米芾担心赵佶反悔，抱着砚台就跑，结果弄得满身都是墨汁。赵佶也不介意，只是哈哈大笑。又有一次，赵佶与米芾等人在崇政殿议事，恰巧米芾有事要呈报。赵佶便让他将书札放在椅子上。结果，米芾觉得自己被怠慢，当即大叫：“皇帝叫内侍，要唾壶。”言语之间却不说明是皇帝要用唾壶，还是自己要用。掌管宫廷风纪的官员认为米芾无礼，要治其不尊之罪。赵佶制止说：“对俊逸之士，不要用礼法拘束他。”他对米芾的优待与宽容，让人钦佩。

在书法上，赵佶最大的贡献就是对“瘦金书”的发扬光大。《书史会要》中说：“徽宗行草正书，笔势劲逸，初学薛稷，变其法度，自号瘦金书，意度天成，非可以形迹求也。”瘦金书原名“瘦筋书”，此书风始于唐代薛稷、薛曜，一反“笔软则奇怪生焉”的传统，以瘦硬秀丽为特点，纯以腕力控制笔锋。瘦金书是书法史上最为独特的书风之一，非常接近现代的硬笔书法，其笔锋运行的步骤可以直观地显

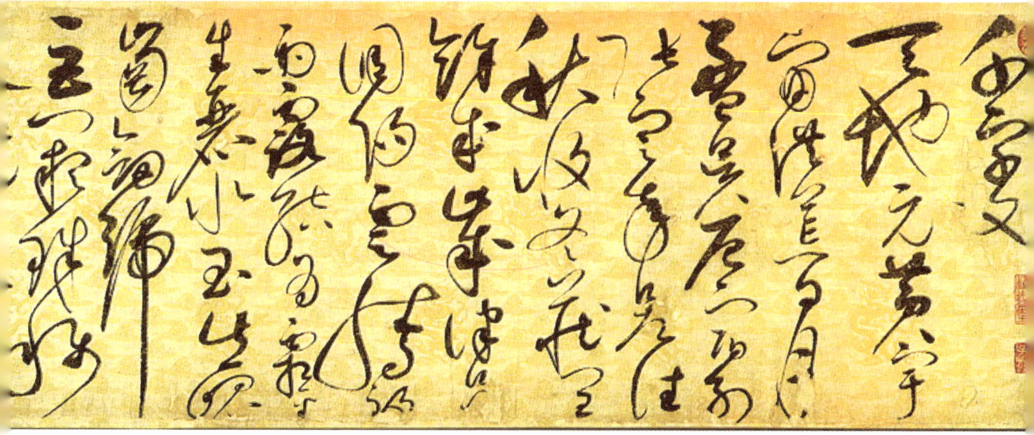

《草书千字文》【局部】赵佶（北宋）

现出来，横画、竖画的收笔、捺脚等位置都很有特点，趋于程式化。字形多取纵势，上密下疏，中宫比较紧密，笔势开张，整体感觉易偏于单薄。而赵佶的“瘦金体”尤具特色，瘦硬中寓于腴润之致。这种书法艺术完全融合了赵佶本人的气质，当时他正值年轻，风华正茂，又是未来的一国之君，所写“瘦金体”气势逼人，其形曲折，其势迅捷，其意则神采飞扬，无人能及。传世作品有《浓芳诗帖》《瘦金体千字文》《欲借风霜二诗贴》《欧阳询张翰贴跋》等。

赵佶的草书主要师法怀素，相对于瘦金书来说，他的草书要圆融得多。这一特点也恰恰成了他的缺点，正是因为圆转的东西太过了，整体上很容易显得流滑，他的草书是无法与怀素、黄庭坚的草书相提并论的。传世作品有《草书纨扇》《草书千字文》等。赵佶昏庸无道以致灭国，这在历史上留下了千古骂名。然而，我们并不能因此而否定他的一切，其对瘦金书的发扬及对宋代书法的繁荣发展所作出的贡献是值得记入史册的。我们不妨把启功先生对武则天功过的评价用到赵佶身上：“一惠可节，稍从末减。”

陆游：江湖夜雨十年灯

陆游像

尽管后人习惯将唐宋两代并称，但实际上唐宋两代的风尚人物大有不同。具体到书法方面，可以看到，唐代欧阳询、颜真卿、柳公权等书法大家在诗文方面并没有太高的成就，而宋代以苏轼为代表的大家们均达到了诗文与书法的双臻妙境，大有长江后浪推前浪之势。

遍览两宋，行草大行其道，“超唐入晋”成为一种风尚。而在宋代人的观念里，“词乃诗之余，墨乃文之余”，意思是说词是从诗发展而来的，推崇诗；书法也得排在文章之后。然而，“余事之余，反落大成”，无意于词和书法的宋代人中恰恰出了一位既能吟得一首好诗词，又写得一手好字的大文学家与书法家陆游。

陆游（1125—1210），字务观，号放翁，越州山阴（今浙江绍兴）人。陆游出生时恰逢两宋交替，金兵南下，中原烽烟四起，这样

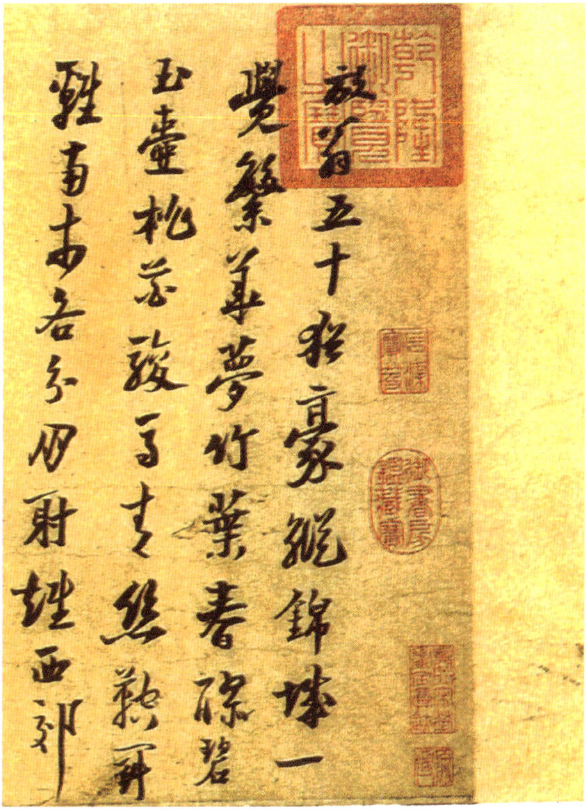

《怀成都诗卷》【局部】陆游（南宋）

的童年经历使得他从小就树立了“位卑未敢忘忧国”的思想。然而，尽管陆游不幸地出生在一个风雨飘摇的时代，他的童年却有幸在书海中渡过。山阴地处江南，未遭兵灾战乱，而且山阴陆家人才辈出、藏书丰富，据说当时南宋朝廷要建秘书省，向天下征求“遗书”，山阴陆氏一族中的大藏书家陆宰献书竟达“万三千卷有奇”。凭借浓厚的家学熏陶，陆游在少年时就养成了精益求精的求学精神，而他的书法学习自然也离不开良好的家庭环境。据记载，陆家藏有众多传世碑拓墨迹、笔札刻石，陆游自幼便临摹前人作品，从而打下了坚实的功底。

从陆游的诗作中可以看到许多关于他幼年时学习书法的情景。如《新治暖堂》中有“日阅藏经忘岁月，时临阁帖杂真行”，《冬日》中有“幸是元无了事痴，偷闲聊复学儿嬉。午窗弄笔临堂贴，夜几砚朱戡楚词”，读这两段诗，人们可以在脑海中勾勒出这样一个画面：年幼的陆游处于汗牛充栋的藏书阁中，或是埋首苦读，或是临摹字帖，冬去春来，乐在其中，以至于忘记了时间。到了晚年，他回想起幼年时的情景，不禁童心大发，中午时分临窗布好文房四宝，依稀学着儿时的样子临摹字帖。夜晚降临后，则手持书卷，朱勘《楚辞》，当真是乐在其中。

然而，陆游勤学书法，最终目的并不是要在翰墨方面有所成就，而是将书法作为一种工具，书写胸中志向。在《睡起作帖数行》中，陆游这样写道：“古来翰墨事，著意更可鄙。跌宕三十年，一日造此理。不知笔在手，而况字落纸。三叫投纱巾，作歌识吾喜。”此句与苏轼的“我书意造本无法，点画信手烦推求”有异曲同工之妙。

虽然陆游的书法在其诗名的掩盖下被许多人忽略，但无法否认他的书法水平在南宋时期堪称一流，与同时代名噪朝野的范成大、张即之不相上下。陆书不随潮流，自谓“老蔓缠松”，“瘦蛟出海”，完全是大家气象。关于陆游的书法风格，他本人在《暇日弄笔戏书》中写得十分清楚明白：“草书学张颠（张旭），行书学杨风（杨凝式）。平生江湖心，聊寄笔砚中。”《自勉》中又说：“学诗当学陶（渊明），学书当学颜（真卿）。正复不能到，趣乡已可观。养气要使完，处身要使端。勿谓在屋漏，人见汝肺肝。”由此可见，陆游书法早年主要学习张旭、颜真卿、杨凝式，如今人们也可以从陆游的传世书迹中寻找到这三人的痕迹。例如，《焦山题名》和《重修智者广福寺碑记》是陆游楷书的代表作品，前者雄强厚重，类似颜体风韵；

绍兴沈园“钗头凤”残壁

后者遒逸强健，颇有欧阳询、褚遂良书法的神采。《玉京行》和《怀成都诗卷》这两幅自书诗迹是陆游的行书代表作，前者带有浓重的杨凝式风范，后者则带有“二王”遒严温润之风。而以《纸阁帖》等为代表的自书诗迹是其草书代表作，纵逸洒脱，有所取法，又不失自家风神。

镇江焦山的摩崖石刻大字是现存最早的陆游书法作品，它写于宋孝宗乾道元年（1165），当时陆游任镇江通判，“隆兴和议”刚刚生效，前线仍然处于战时状态，陆游有感于时势，挥笔题道：“烽火未息，望风樯战舰存烟霭间，慨然尽醉。”书写时，陆游刻意模仿了颜真卿《大唐中兴颂》的笔法。《大唐中兴颂》是颜真卿书法进入成熟时期的代表作，内容为赞颂唐代平定安史之乱的功绩，字里行间充满金戈铁马之气，拳拳报国之志。陆游效法《大唐中兴颂》气势磅礴的笔法，行笔流畅，在显现深厚书法功力的同时，也表明了期待出现唐代郭子仪、李光弼那样能够重整河山的中兴名将。

陆游留给后人的不仅是许多有金戈铁马之象、雄豪壮阔之气的书法作品，以及近万首如“夜阑卧听风吹雨，铁马冰河入梦来”这样充满爱国情怀的诗文，还有一个感人至深的爱情故事。20岁时，陆游和青梅竹马的表妹唐婉结为夫妻，二人自幼便感情甚笃，婚后更是恩爱有加。然而好景不长，陆游整日与唐婉耳鬓厮磨，引起了陆母的不满，她认为这样会毁了儿子的前程，于是借口唐婉婚后一直没有生育，强迫陆游休妻，另娶王氏为妻。唐婉也迫于父命嫁给了同郡的赵士程。10年后的一个春天，陆游在山阴城沈家花园内踏青，借酒浇愁之时恰好看见唐婉和她的丈夫赵士程。在喝下唐婉送来的酒后，陆游悲从中来，在沈园粉墙上提笔写下一阕《钗头凤》：“红酥手，黄藤酒，满城春色宫墙柳。东风恶，欢情薄，一怀愁绪，几年离索，错错错。春如旧，人空瘦，泪痕红浥鲛绡透。桃花落，闲池阁，山盟虽在，锦书难托，莫莫莫。”这阕《钗头凤》不仅词句情真意切，一笔一画更是充满了陆游的悲伤愁苦之情。唐婉回到家中，也和了一阕《钗头凤》：“世情薄，人情恶，雨送黄昏花易落。晓风干，泪痕残，欲笺心事，独语斜阑，难难难！人成各，今非昨，病魂常似秋千索。角声寒，夜阑珊，怕人寻问，咽泪装欢，瞒瞒瞒！”不久，她便因悲伤过度，抑郁而逝。如今，陆游的《自书钗头凤》石刻便藏于绍兴沈园之中，看到的人无不为千年前的这段爱情而感动。

赵孟頫：惜落水兰亭

赵孟頫像

自古以来，《兰亭集序》就被视作至宝，即使是拓本、摹本都深得书法家的喜爱。相传历史上有一位书法家曾买得一份《兰亭古拓本》，喜不自胜，连夜乘船赶回家，然而就在船快到岸时，江面上大风骤起，船只倾覆。幸好岸边水浅，并无人员伤亡，但是这位书法家的所有行李都丢了。不想书法家并未因此沮丧，因为他最珍视的《兰亭古拓本》从水中被抢救出来。事后，他题了八个字在此拓本的卷首："性命可轻，至宝是保。"此事传开之后，成为书坛的一则趣闻，书法家所藏的拓本也得了"落水兰亭"的雅号。这位书法家便是历史上与欧阳询、颜真卿、柳公权并称"楷书四大家"的赵孟頫。

赵孟頫（1254—1322），字子昂，号雪松道人。关于他的别号来历，也颇有意思。赵孟頫生平有两张最爱的古琴，

赵孟頫书写的“茶”字地砖（浙江杭州龙井路）（图片提供：FOTOE）

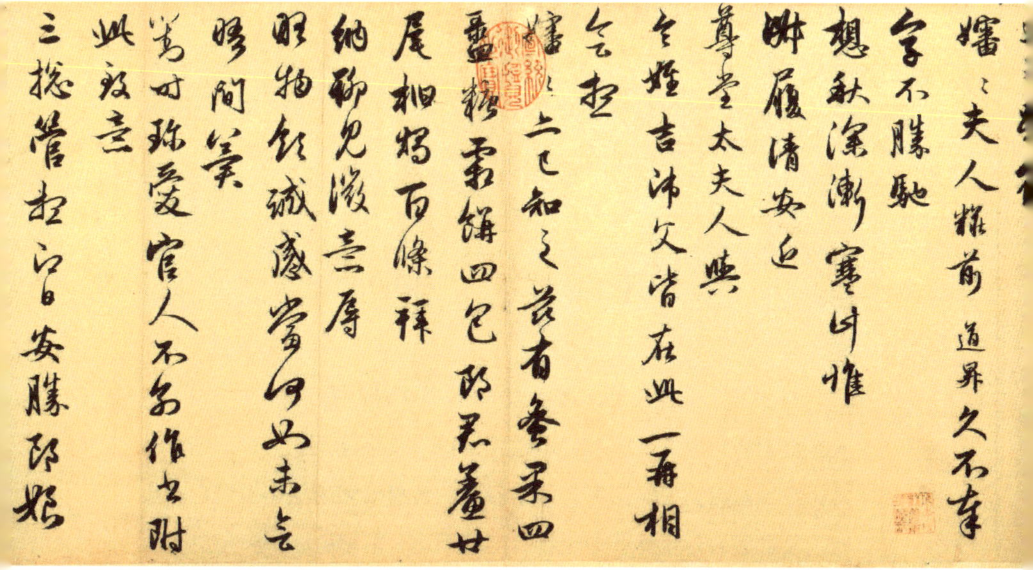

《手札秋深帖》【局部】赵孟頫（元）

此帖是赵孟頫行书的代表作，笔力扎实，体态修长，秀媚圆活，畅朗劲健。

一名“大雅”，一名“雪松”，因爱琴至深，遂将书斋命名为“大雅堂”，又自号“雪松道人”。赵孟頫为宗室王孙，是宋太祖赵匡胤的第十一世孙，幼时聪敏，清代《佩文斋书画谱》中记载其“读书过目辄成诵，为文操笔立就”。赵孟頫一生博学多才，能诗文，工书法，精绘画，擅金石，通律吕，解鉴赏，其中书法与绘画更是冠绝当世，有“书画双绝”的美誉。绘画方面，赵孟頫开创有元一代新风，被称为“元人冠冕”。书法方面，善篆、隶、楷、行、草书，明代文人何良俊将他与王羲之并提。

可以想象的是，如果赵孟頫没有生活在宋元之交的乱世，他的一生将过着安逸富足的皇室贵胄生活，无论是入朝做一届散官，俗务之余结交士子，往来唱和，还是闲居故乡，每日与诗书相伴，都将无比逍遥自在。然而，滚滚而来的蒙古铁骑却打碎了他原本平静的生活。1276 年，南宋都城临安被蒙古军攻占，宋室南迁；1279 年，厓山海战爆发，宋末帝赵昺被大臣陆秀夫背着跳海而死，南宋灭亡。作为宋代皇族的赵孟頫，悲凉生活就此开始，病妻、弱子，加上三餐不继，生活的困顿使他挣扎在贫困线上。然而也正是在这段时间，赵孟頫为躲避灾祸，闭门读书，埋首于书法绘画之中，打下了更为牢固的艺术基础。

元朝初定之时，元世祖忽必烈为安定民心和招揽贤才，命汉人程钜夫南下寻访前代遗贤。程钜夫初下江南就遇到了赵孟頫，但其拒绝入元为官。忽必烈听闻之后，认定善书画的赵孟頫为治国贤士，而且忽必烈也需要通过优待赵孟頫这个前朝皇族来标榜自己的仁德。于是，在至元二十三年（1286），程钜夫第二次奉旨南下，终将赵孟頫请到了元大都。赵孟頫在元为官，职位不断攀升，历任兵部郎中、集贤学士、翰林学士承旨等职，但同时也被时人认为“失节”。为消弭不好的名声，赵孟頫致力于书画创作，终于成为“书画双绝”的大家。

在书法学习方面，赵孟頫大概经历了三个阶段，明代大儒宋濂将其总结为：“初临思陵（宋高宗赵构），中学钟繇及羲、献诸家，晚乃学李北海（唐代书法家李邕）。”而赵孟頫所留下来的书法作品也印证了宋濂的说法，例如他 19 岁时所书《读书乐》，笔力遒劲，全用思陵体格。中年之后，赵孟頫致力于学习王羲之，他先从王羲之七世孙、唐代书法家智永和尚的《千字文》入手，这与宋高宗对智永《千字文》的推崇不无关系。据传赵孟頫临摹智永的《千字文》，前后共耗去五百张纸，最后达到了惟妙惟肖、一点一画皆不露自己笔法痕迹的程度。晚年，赵孟頫专心学习李邕的行楷体势，并在此基础上另辟

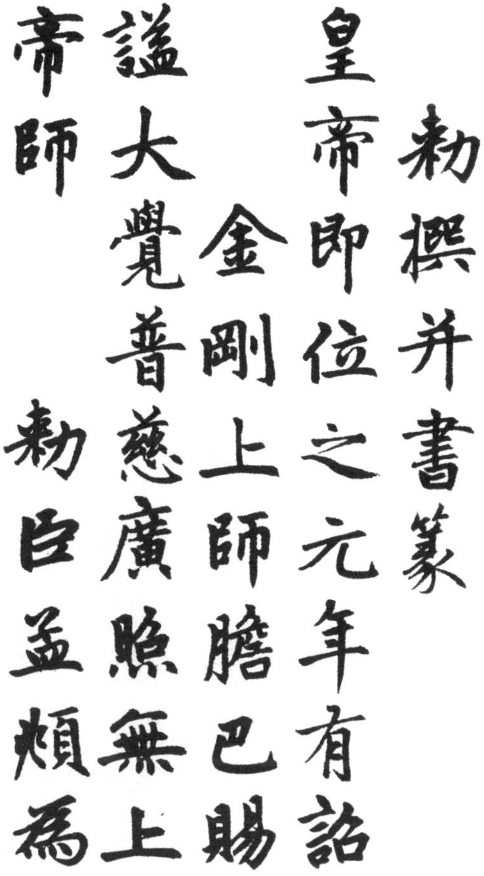

《胆巴碑》【局部】赵孟頫（元）

蹊径，所写楷书笔力沉雄又灵动多姿，峻峭而不失流利，彻底把楷书写活了，卓然于书法史之上。如书于元延三年（1316）的《胆巴碑》就是典型的赵体楷书，其点画沉着，姿态变化丰富，寓巧于拙。起笔多侧锋斜切，转折顿挫，方多于圆，筋骨之力弥满，略带行书之姿。结字方正平稳，撇捺极具开张之势，潇洒自如，是赵孟頫人书俱老的佳作。

赵孟頫的妻子管道升亦是书法大家，在中国历史上的女书法家中，地位仅次于王羲之的老师卫夫人，世称管夫人。赵孟頫与管夫人不仅是生活上的伴侣，又是艺术上的知音，伉俪情深。相传赵孟頫中年时曾萌生纳妾的念头，却一直羞于开口，于是就把心思写在纸上：“我为学士，你作夫人；岂不闻王学士有桃叶、桃根，苏学士有朝云、暮云？我便多娶几个吴姬、越女无过分。你年纪已过四旬，只管占住玉堂春。”管夫人看过之后莞尔一笑，也取来纸笔回了一首《我侬词》：“我侬两个，特煞情多！譬如将一块泥巴，捏一个你，塑一个我。忽然欢喜啊，将它都打破。重新下水，再团再炼再调和，再捏一个你，再塑一个我，那其间，我身子里有了你，你身子里也有了我。”赵孟頫看过夫人写的这首词之后，既感动，又羞愧，从此不再提纳妾之事。而这个小插曲也随着《我侬词》的流传成为一段佳话。

倪瓒：洁癖背后的至清至傲

大凡在艺术上有所造诣之人，往往性格上都有着不同于常人的“怪癖”，有人好酒，有人嗜茶，有人喜欢华服美裳，也有人偏偏衣着邋遢、放浪形骸，但是像书法家倪瓒这般将“洁癖”坚持到底的人，也算是凤毛麟角了。

倪瓒（1306—1374），字泰宇，后字元镇，号云林子、幻霞子等，江苏无锡人。倪瓒出身于富豪之家，其父早丧，由同父异母的长兄倪昭奎抚养成人。倪昭奎是元代道教的上层人物，在当时享受各种特权，既无劳役租税之苦，又无官场倾轧之累，反而有额外的生财之道，因此倪瓒一家的生活在倪昭奎的荫蔽下十分优渥，可谓富甲一方。但倪瓒并没有染上纨绔子弟不学无术的习气，反而对自己的学问修养要求甚严，每日都在家中的三层藏书楼“清闷阁”中读书作诗，对阁内藏有的众多佛经、道卷、经史子集等均有所涉猎。

倪瓒幼时深受道教文化、道家思想的影响，形成了清高孤傲、不问政治的思想。即使日后成名，也只是常年浸习于诗文书画之中，一生都不曾入仕。倪瓒思想上的高洁还影响了他的生活习惯，因为洁癖留下的诸多故事都令人莞尔。据记载，倪瓒作书所用的文房四宝有专门的佣人负责管理，必须随时擦洗，以避免它们弄污双手。

《松江邦彦像册·倪瓒像》徐璋（清）

倪瓒非常喜欢梧桐树，认为梧桐是具有高洁象征的凤凰栖息之所，因而在院中栽满梧桐。为了让梧桐能够保持干净，他命人每日早晚挑水擦洗树身。

然而，倪瓒的美好生活并没有一直持续下去。元泰定五年（1328），倪瓒的长兄倪昭奎突然病故，倪家依靠倪昭奎享有的特权随之丧失殆尽，变成了一般的儒户，再加上倪瓒本人不善经营生产，家境日益败落，最终陷入窘困之境。与此同时，倪瓒的洁癖又令他得罪了几乎所有的亲朋好友，生活更加艰难。据记载，倪瓒好饮茶，曾经自制“清泉白石茶”，还颇为此得意。宋室后裔赵行恕慕名而来，倪瓒拿出上好的“清泉白石茶”招待宾客，没想到赵行恕却觉得此茶并无特殊之处。倪瓒大为恼怒，当面就对赵行恕说：“吾以子为王孙，故出此品，乃略不知风味，真俗物也。”从此就与这个人绝交。

还有一次，倪瓒的一位好友来家中作客，二人见面后唱和诗文，交谈甚欢，以至朋友误了回家的时辰，晚上便留宿于倪家。倪瓒却因此难以入眠，担心朋友不干净，一夜之间竟然亲起视察三四次。半梦半醒之际，倪瓒突然听到朋友咳嗽了一声，难得产生的睡意顿时消失得无影无踪，担心得一夜未眠。第二天，朋友辞别之后，倪瓒立即命令佣人寻找朋友吐的痰迹在哪里。佣人找遍屋子的每一个角落也没找到半点痕迹，又怕挨骂，只好以一片脏树叶代替，说痰迹就在叶子上面。倪瓒斜睨一眼，便厌恶地闭上眼睛，捂住鼻子，叫佣人送到三里外丢掉。

倪瓒读书的清闷阁是他的私人重地，禁止旁人进入。他还有一匹白马，平时爱护备至，也绝不允许别人骑乘。有一次，倪瓒母亲生病，倪瓒请求名医葛仙翁为母亲诊病。葛仙翁要求倪瓒用白马相接，并要一观清闷阁。倪瓒为了给母亲治病，只好同意。但葛仙翁进入清闷阁之后，故意乱翻一气，随地吐痰，结果从此之后倪瓒终身不入清闷阁，那匹白马也再也没有骑过。

就是这样的脾气，最终让倪瓒与亲朋好友渐行渐远。再加上元朝末年，战乱四起，倪瓒本来漂泊的生活变得更加落魄，但倪瓒的高雅心性并没有因此改变。相传，元末割据江南一带的吴王张士诚之弟张士信，有一次差人拿了画绢请倪瓒作画，并送了很多钱。结果倪瓒撕绢退钱，大怒道：“倪瓒不能为王门画师！”后来倪瓒泛舟太湖，遇到张士信，结果被痛打了一顿。当时倪瓒不出一声，事后有人问他，他答道：“一出声便俗。”至情至傲的品性，让人感动。

当倪瓒的母亲、妻子去世之后，他与儿子之间的关系也相当不睦，所以晚年基本上是在太湖周边漂泊，足迹遍及江阴、宜兴、常州、吴江、湖州、嘉兴、松江一带。形单影只的倪瓒，身边也没有什么朋友，还好有书画做伴。

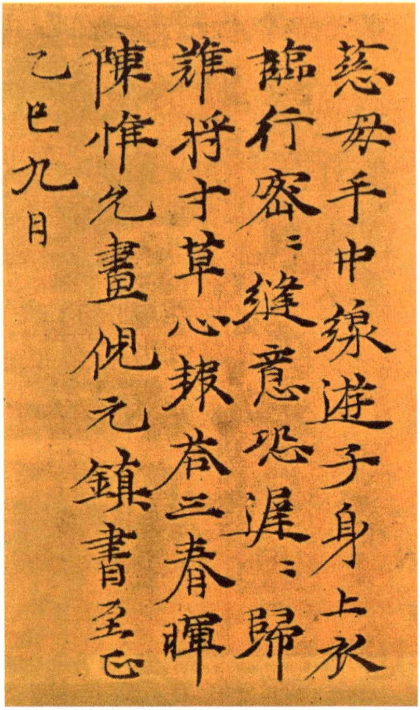

《孟郊诗意图题字》倪瓒（元）

倪瓒作为在野的高人韵士，书法“波磔有隶意，气息高古醇厚”，但书名为其画名所掩，传世书法作品多为题画、诗稿、题跋等。倪瓒的书法早年学习褚遂良的《孟法师碑》，结构方正端丽，行笔抑扬顿挫。中年之后，书法开始发生变化，结体愈发修长，风姿绰约。这主要是由于受到这一时期山水画笔法的影响，“起笔露锋，笔不离纸，转折处含蓄内敛，有兰亭遗韵”。倪瓒擅长两种字体：一是小楷，用笔爽利，一画之内往往于起收笔处格外强调，形成强烈的粗细对比。明代徐渭曾这样评价他的小楷：“瓒书从隶入，辄在钟繇《荐季直表》中夺舍投胎，古而媚，密而疏。”代表作《小楷江南春三首》多露锋起笔，于起收处尤为强调，虽瘦犹劲，细处若蚊睫而无懈怠之嫌，且有丰富的变化，这种对笔毫精熟的驾驭能力实令人叹服；二是行楷，即略带行书笔意的小楷书。此种面目的字基本是在其小楷的基础上增加牵丝映带，笔法更加跌宕，更强调整体的轻重提按，结构也更多自然变化，别具一格。

同倪瓒的性情一般，其书法自成一格，雅致闲逸。在赵孟頫书

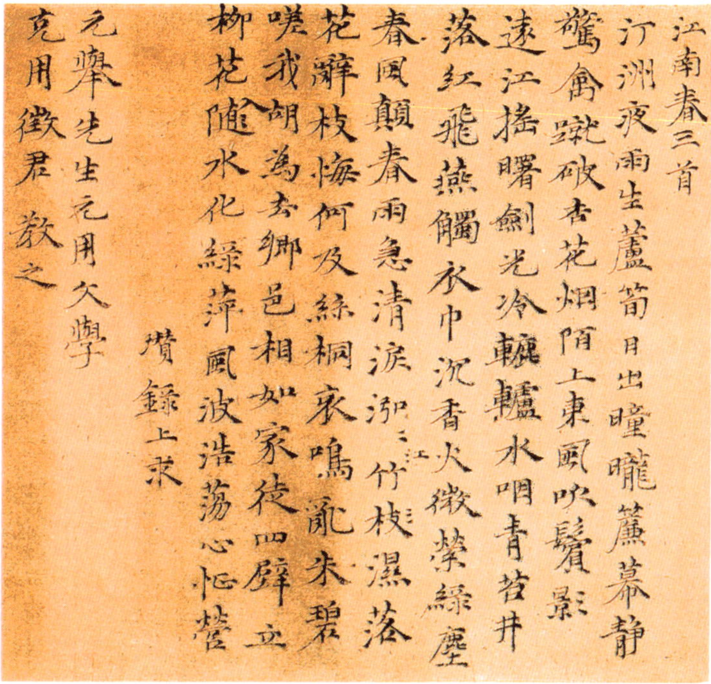

《小楷江南春三首》倪瓒（元）

法风靡一时的元代，倪瓒能够不受影响，自标新格，成为隐逸文人书画家的代表，这在当时是难能可贵的。元代书法史评价道：“赵松雪出，天下从风，虽其同侪，俱受熏染，无论其兄弟子孙，门生故吏役。元人之不为松雪所囿者，屈指计之，仅五六人……书法行家，惟柯丹丘、倪云林、吴仲圭而已。”

徐渭：自为墓志铭

徐渭像

如果说凡·高是西方令人扼腕的艺术天才，那么明代文学家、书法家徐渭（1521—1593）则是中国的疯癫艺术家。“半生落魄已成翁，独立书斋啸晚风。笔底明珠无处卖，闲抛闲掷野藤中。”这是徐渭在其画作上的题诗，同样也是他一生的写照。一腔热血，换来半世悲愤，最后只剩“几间东倒西歪屋，一个南腔北调人”，这样的孤寂苦楚，无不让人感慨。

徐渭的凄凉晚景，与其童年的成长环境不无关系。徐渭出生于浙江绍兴一个渐趋落魄的官僚世家，母亲原是侍女，因家中人丁不够兴旺，被老父徐鏓纳为小妾，生下徐渭。晚年得子本是大喜之事，谁知乐极生悲，徐渭出生不到百日，徐鏓便撒手人寰。父亲死后，徐渭由嫡母苗夫人亲自抚养，被嫡母视若己出。但苗夫人为了稳固住自己的地位，在徐渭10岁时将其生母赶出家门，这严重影响了徐渭

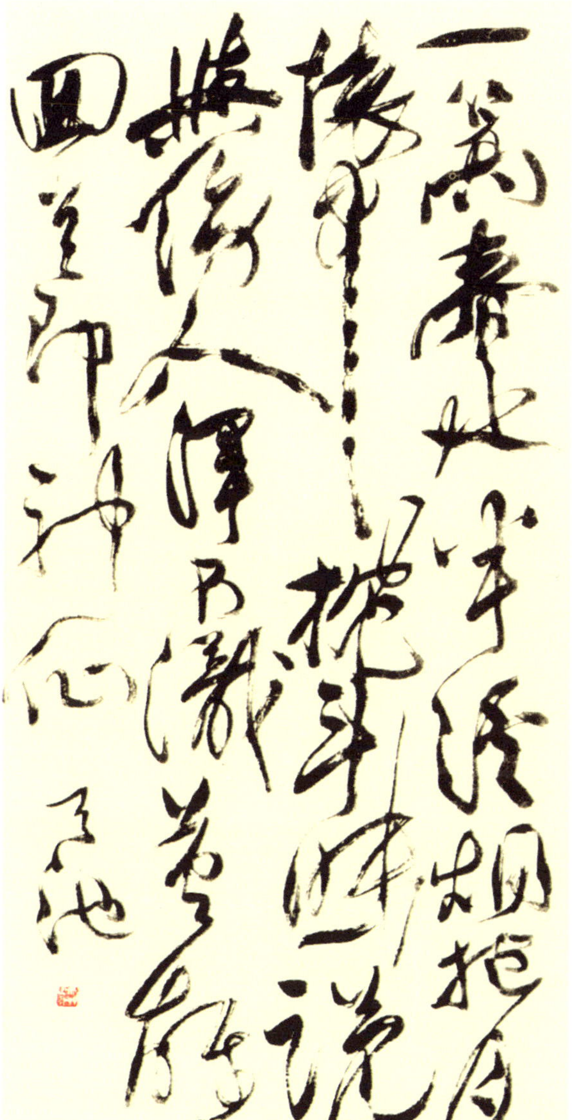

《草书诗轴》徐渭（明）

这是徐渭狂怪书风的代表作，气势奔腾放纵，视觉冲击力极强。

的成长。从此，他变得偏执、敏感、早熟且隐忍，而这些极端的性格也伴随着他极端的聪慧在悄悄发展。

少年时的徐渭在文学方面就已经表现出与众不同的地方，诗词曲赋样样精通，而且反应机敏，聪明过人，被当地人称为神童。可惜这样一个天赋极高之人，在功名仕途上屡遭挫折，先后八次参加乡试未中，直到37岁才进入抗倭名将胡宗宪府当了一名文书。此后，徐渭很快就显示出过人才华，在抗倭过程中屡献良策，深得胡宗宪器重，更以《进白鹿表》得到皇帝赏识。但好景不长，严嵩倒台后，胡宗宪受到政敌冤枉而死于狱中。这对徐渭来说是个不小的打击，他一方面哀痛胡宗宪惨遭横祸，另一方面又日夜担心自己受到牵连。大起大落、一惊一乍的精神状态最终致其走入绝境。嘉靖四十三年（1564），徐渭提笔写下了千古名作《自为墓志铭》，然后企图以自杀的方式终结生命。结果他九次自杀均没有成功，最后在癫狂中误杀了第四任妻子，被关入监牢。七年光阴缓缓流过，徐渭最后在朋友帮助下借着大赦的机会走出牢狱。此时，他已年过半百，腰背佝偻，垂垂老矣，不再有政治上的雄心，也失去了能言敢辩的勇气，便独自逃到山野之间，以挥墨为最大乐趣。

虽然徐渭以绘画和文章扬名后世，但他对自己的书法水平极为自负，曾说："吾书第一，诗次之，文次之，画又次之。"后人观其书法，终觉无法将其归入任何一个门派，独立张扬、个性鲜明，如同他这个人一般。徐渭的书法以行草最佳，笔法虽出自二王一脉，但处处可见米芾之风。他在《书米南宫墨迹》跋中写道："阅米南宫书多矣，潇散爽逸，无过此帖，辟之朔漠万马，骅骝独见。"可见他不但敬佩米芾，且深入研究过米芾的书法。此外，徐渭的行草中还杂糅了隶书的笔法，在书法史上独一无二，字体笔墨纵横，且轻重自如，方圆兼济，看上去非常狂放，但起承转合间都暗藏秩序，寓意相连。

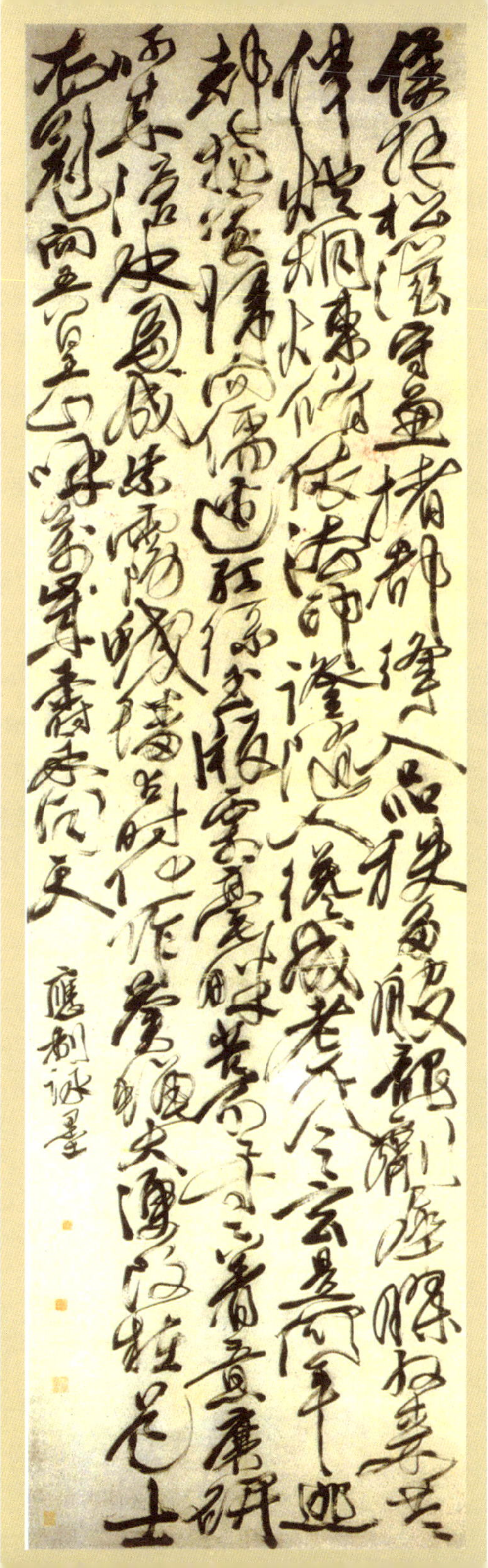

《应制咏墨轴》徐渭（明）

徐渭晚年隐居乡野，几乎从不与人交往，尤其厌恶官场中人，其性格的偏激程度达到极端。这一时期也是他草书的成熟期。与其说徐渭是在舞文弄墨，追求书法艺术的造诣，不如说是在表现内心的压抑情感。如《应制咏墨轴》中可见其草书风格：章法如天女散花，几乎布满整个纸面，布局散乱但心骨强硬，结构破碎且不避败风，全篇棱角毕露，暗藏一种不平之气，压抑且真挚。对细节笔法有很大程度的忽略，只是在极个别的地方还能看到他对笔锋的细微交代，笔画内部多起伏，点画如疾风骤雨，极具震撼力的视觉效果。然而，徐渭的狂草在当时不为大部分人接受，而他自己是这样说的：“高书不入俗眼，入俗眼者非高书。然而此言亦可与知者道，难于俗人言也。”真正了解徐渭的知音并非没有，只可惜他有生之年未曾遇到。当徐渭在一只老狗陪伴、一床破草席裹身的悲凉境地中告别人世的 20 年后，“公安派”领袖人物袁宏道看到其书法作品，高度赞扬道：“笔意奔放如其诗，苍劲中姿媚跃出，在王雅宜文徵仲之上，不论书法而论书神，诚八法之散圣，字林之侠客也。”

文征明：大器晚成又何妨

文征明（1470—1559），初名璧，字征明，后更字征仲，号停云，别号衡山居士，长洲（今江苏苏州）人。文征明幼时并不聪慧，八九岁时说话还不清楚，长大后逐渐显露出过人才能，在诗、书、画上均取得极高成就，为“吴门画派”创始人之一，又与沈周、唐伯虎、仇英合称“明四家”，与唐伯虎、祝枝山、徐祯卿并称“江南四大才子”。尽管多才多艺，且出身于官宦世家，文征明的仕途却并不平坦，自 26 岁起至 53 岁，十次应试不第，后经当时苏州巡抚李克

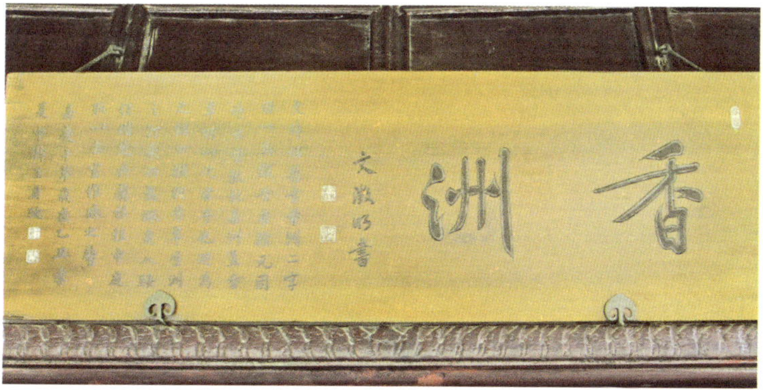

文征明书写的“香洲”匾（江苏苏州拙政园）

诚、工部尚书李充嗣等的推荐，才于嘉靖二年（1523）被授予翰林学士待诏，因此又称为“文待诏”。为官期间，文征明的书画已极负盛名，求其书画之人络绎不绝，由此他也受到翰林院同僚的嫉妒和排挤。四年之中，文征明深感官场险恶、身心不得自由，遂于嘉靖六年（1527）三月辞官回乡，此后再不出仕，力避与权贵交往，一心沉浸于书画诗文中。

文征明学习书法非常刻苦，历史上也流传有一个趣味盎然的故事。据说，文征明在生活穷困潦倒之时，曾以典当字画度日。一天，家中又无米下锅，家人便请文征明作一幅字画去当。当时文征明正卧病在床，便顺手书一“虎”字交给家人。当铺主人拿到文征明的书法作品，略加审视，笑道：“此系卧虎，不当。”家人归告，文征明只好披衣坐起，另书一“虎”。当铺主人看后称是“披毛虎”，再次不收。文征明觉得恼怒，但为了生活，只能愤愤下床，提笔疾书第三个“虎”字。然而，当铺主人又称此字乃是“气虎”，依然拒当。文征明三次碰壁，心中反而平静下来，感慨当铺主人独具慧眼，能识字之神态。于是，他束衣整冠，屏息静气，专心致志地书写一天之中的第四个“虎”字，最后终于得当银两。此后，文征明每作书画，必定衣冠整齐、平心静气，书法得到迅速进步。

又据《书林纪事》记载，文征明每天临摹《千字文》字帖都以写十本作为标准，甚至是给人回信时稍有不合心意之处，也一定要三番五次地改写，从来不怕麻烦。就是在这样日积月累的努力中，文征明的书法功力日渐提升，从 56 岁开始执吴门书派之牛耳达三十余年，成为明代书坛当之无愧的领军人物。及至晚年，书法更是达到炉火纯青的地步，80 多岁还能十分流利地书写蝇头小楷，年近 90 岁还在为人书写墓志铭，未待写完，便置笔端坐而逝，颇有得道成仙之意。

在书法风格上，文征明早年以写苏体为主，后又受到岳父李应祯

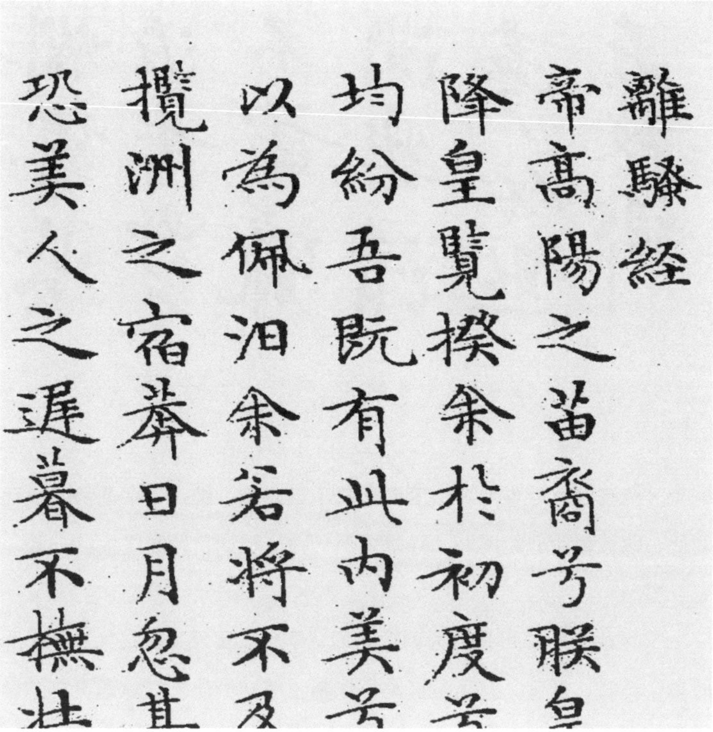

《离骚经九歌卷》【局部】文征明（明）

的影响，广泛学习晋唐、宋元等前代名迹，楷、行、草、篆、隶各有造诣，其中尤以小楷最为世人称道。小楷笔画婉转，节奏缓和，点画活泼细腻，字法谨严，集众长于一身，又与其绘画风格相和谐，有“明朝第一”之称。明代谢在杭于《五杂俎·卷七》中称赞文征明小楷：“无真正楷书，即钟、王所传《荐季直表》、《乐毅论》皆带行笔。洎唐《九成宫》、《多宝塔》等碑，始字画谨严，而偏肥偏瘦之病，犹然不免。至本朝文征仲先生始极意结构，疏密匀称，位置适宜。如八面观音，色相具足。于书苑中亦盖代之一人也。”其小楷典型代表

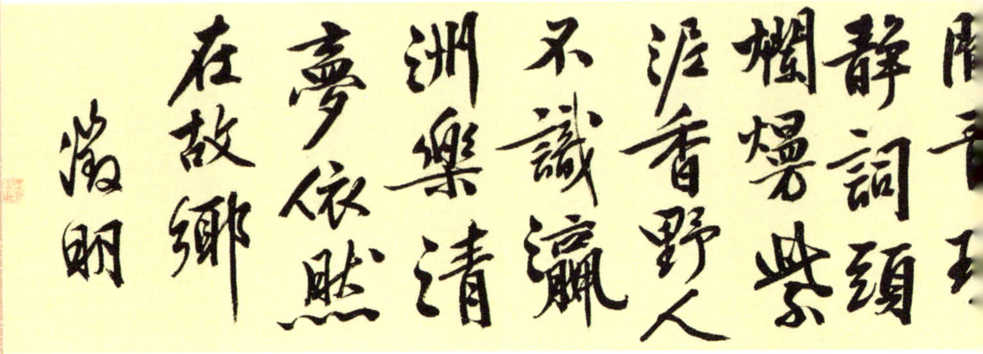

《行书自作诗卷》【局部】文征明（明）

作为《离骚经九歌卷》，法度谨严又不乏意趣，结字因字取势，长扁对比、收放对比非常鲜明，整篇浑然一体，笔调自始至终保持一致，毫无懈怠。

文征明的行书可划分为两个阶段：早年以王羲之行书为主体，同时融会苏轼、米芾、赵孟頫等笔意风格，笔法到位，气息通灵，劲媚清秀，规范而无丝毫懈怠，这大概与其常年作小楷书不无关系。此类代表作为《洞庭西山诗》《西苑诗卷》《滕王阁序》等；晚年则以黄庭坚笔意融入行书之中，以《行书自作诗卷》等为代表。然而，文征明的行书虽融众家之长，但风格特点却不够强烈，而且法度太过，很容易有平庸感，即“法度有余，神化不足”。此外，清代书法家张照在其《天瓶斋题跋》中还提出了文征明行书的一个弱点：“待诏书不为董香光所重者，正以著处滞而放处滑。”意思是，他认为文征明的行书太着意处显得有些滞涩，而有所恣放的地方则又显得浮滑。

在草书方面，明代王世贞说文征明少时曾学怀素，而从其传世不多的草书作品上看，应是受怀素、黄庭坚影响很深。他的大幅草书气势奔腾纵逸，节奏跌宕起伏，然其造诣当在祝允明草书之下。文征

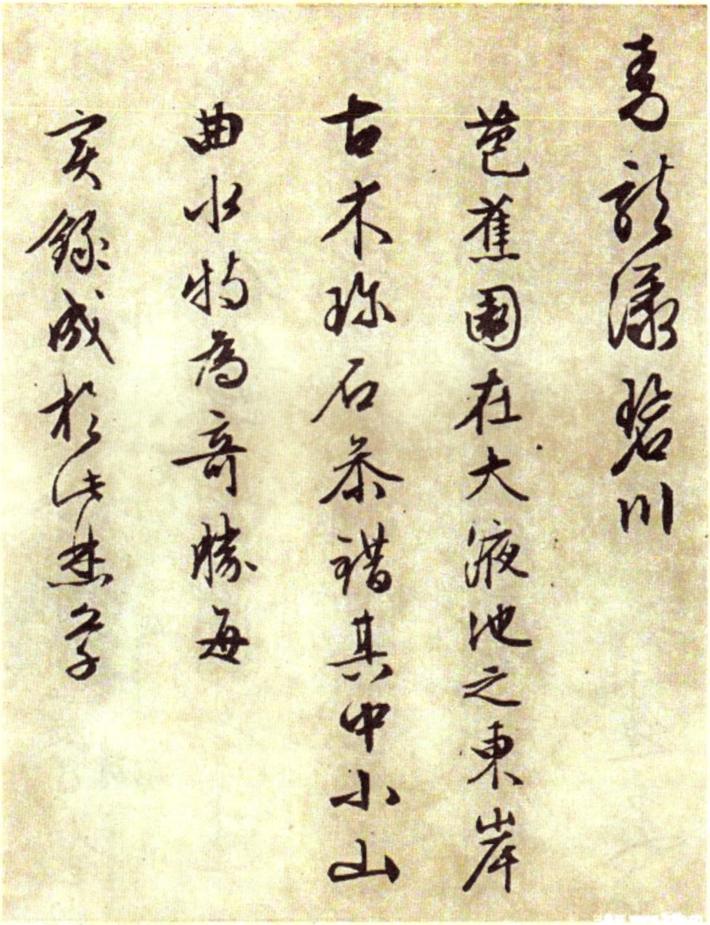

《西苑诗卷》之一　文征明（明）

明亦长于篆隶，他对自己的隶书很自负，篆书不轻与人，二体皆有所出，不失精能之致。

总之，大器晚成的文征明对明代书坛的影响很大，追随者众多，可惜都未逃出他的影子，吴门书派自其之后也逐渐有了颓败之势。

朱耷：秃笔创作，书风多变

朱耷像

朱耷（约 1626—约 1705），原姓朱，僧名传綮，字雪个，号八大山人、雪衲、个山、驴屋、人屋、何园、书年、驴汉、破云樵、驴屋驴等。朱耷为皇族后裔，是明太祖朱元璋第十六子朱权的九世孙，世居南昌，承袭辅国中尉。朱耷的祖父和父亲都擅长作画，因而自小就受到了良好的艺术熏陶，据说 8 岁能作诗，又能悬腕写米家小楷，颇为聪慧。可惜生不逢时，朱耷 19 岁时明朝灭亡，皇亲国戚的身份随时可能为其招来杀身之祸。不久之后，朱耷的父亲去世，这让朱耷感到痛心和绝望。家国天下已然颠覆，他也在门上贴了一个大大的“哑”字，自此装聋作哑，不问世事，后来更是隐入山中，落发为僧。顺治末年（1661），36 岁的朱耷结束颠沛流离的生活，回到南昌，在山林中创建青云谱道院，改信道教。青云谱道院建好的前几年，朱耷频繁往返于南昌城和青云谱之间，后来才慢慢在青云谱安定下来，避不见人。在耕地筑墙、研学道义之余，唯有作画和写字支撑着他的精神世界。

朱耷性格怪异，不喜与权贵之人来往，却常常和中下层的人打成一片。他喜欢饮酒，只要是贫士和市井中的屠宰、卖货者前来邀请，都欣然前往，而且必定一醉方休。每逢酒醉，朱耷便拿起笔即兴创作书画，赠送友人。朱耷在僧舍寄寓时，小和尚常常向他讨要字画，以至拉其衣袖、扯皱衣襟，但朱耷毫不介意，坦然挥笔，创作书画相赠。然而，若是高官显要向其购买书画作品，往往不能如愿，尤其是品行不好之人更是难上加难。当时的重臣宋荦对书画很感兴趣，且极为仰慕朱耷，多次请求一见，但朱耷对其在政治上的投机表现非常不满，因而一概拒绝。如此反复多次，朱耷不胜其烦，最后答应为他画一幅孔雀图。然而，令位高权重的宋荦想不到的是，他收到的竟然是中国绘画史上前所未有的讽刺花鸟画：画面上的孔雀丝毫没有“百鸟之王”的华美之感，圆头圆脑，有摇尾乞怜之态。不仅如此，朱耷还特意题了一首诗：“孔雀名花雨竹屏，竹梢强半墨生成。如何了得论三耳，恰是逢春坐二更。”意在挖苦宋荦是清廷的奴才。

朱耷的书法虽然被其画名所掩，但独具个性，书风多变。年少时，朱耷生活无忧无虑，心境比较平和自然，书法主要学习欧阳询，字体方圆兼备，劲峭挺拔且法度森严，颇有“欧体”风范。待到国破家亡，剃发为僧后，在书法作品中多署款为“个山”，这一时期，书法创作的风格趋近于董其昌。当署款由“个山”改为“驴屋”，书法渐渐显现出了黄庭坚的影子，字形于中宫处收缩，长脚四展，结构紧凑，通篇书法字体大小错杂，但毫不凌乱，可见其一气呵成的底蕴。

康熙十七年（1678），久闻朱耷大名的临川县令胡亦堂，不避讳政治立场而邀请朱耷到临川官舍作客。朱耷无奈前往，且一去就是近一年的光阴。这对于满心怨恨清王朝的朱耷来说无疑是种煎熬，他无

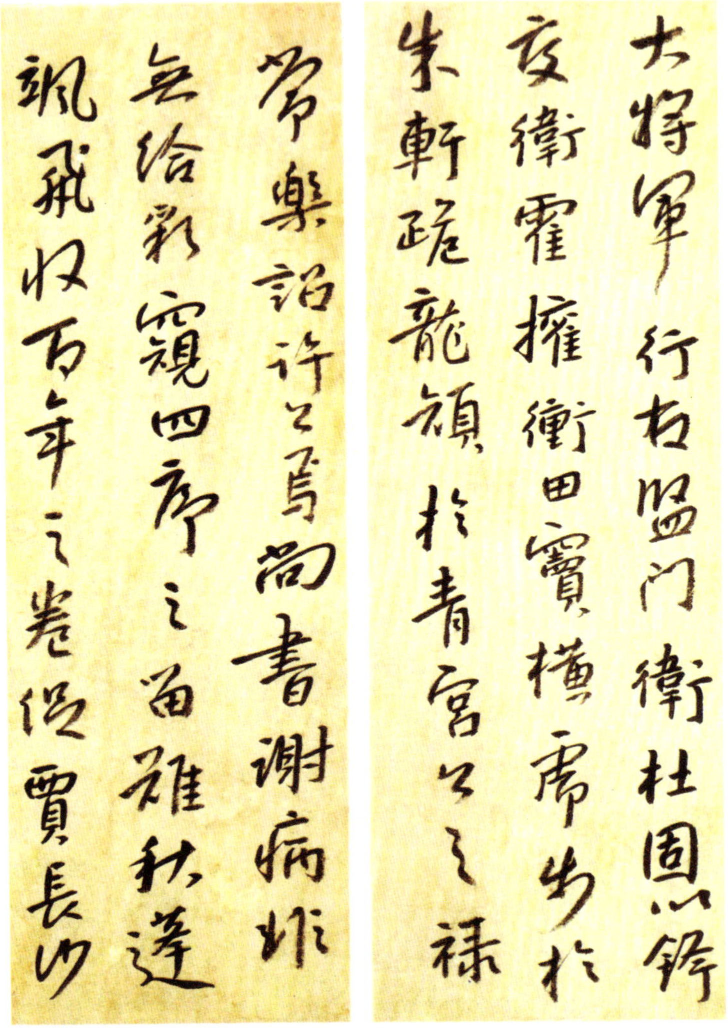

《行楷临兴福寺半截碑》【局部】朱耷（清）

此碑是朱耷晚年作品，笔法浑厚，字体外形气盛，而内含丰满，韵味十足。

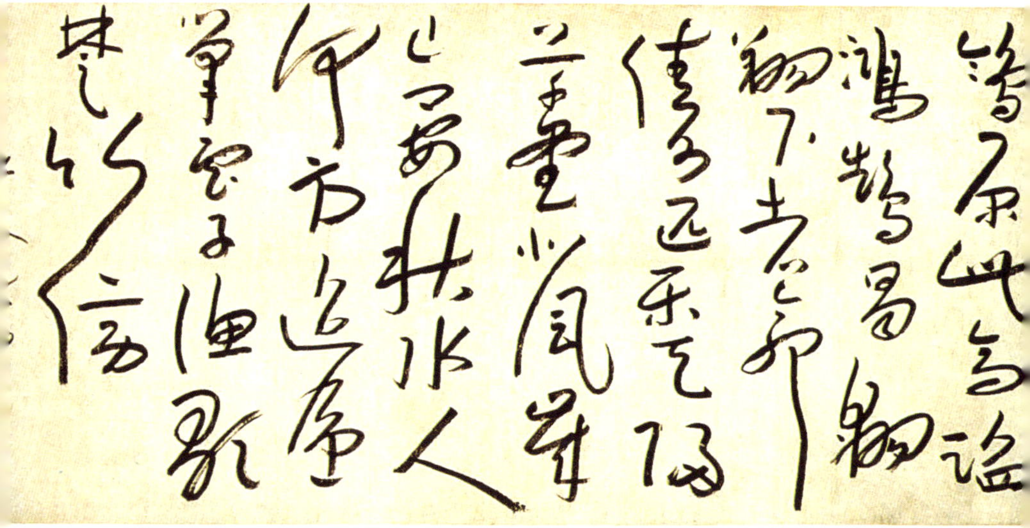

《题画诗轴》朱耷（清）

法忍受令人窒息的氛围，因而效仿前人“装疯卖傻”的策略，借酒发癫，痛哭流涕，撕碎衣服，大声呼喊，吓得旁人不敢靠近，如此几次后，人人都以为他精神失常。于是，蓬头垢面的朱耷穿着已经被撕成布条的僧服，嘴里念叨着谁也听不懂的絮语，摇摇晃晃回到南昌。疯癫闹剧落下帷幕后，朱耷已经是60岁的老人，开始用“八大山人”的署名题诗、作画、写字。有意思的是他常将“八大”二字合书为“哭”或“笑”，将“山人”合书为“之”，四字署名很容易被念为“哭之”或“笑之”，这是八大山人在有意宣泄内心的愤慨和无奈。这一时期，他书法中的个人风格愈加明显，在字的结构上，肆意变形，或拘大展小，或促长引短，如同笔下的禽鸟一般。而融合了王羲之、钟繇、颜真卿笔法的“朱耷体”已显现出了难以效仿的精髓。如署名八大山人的行草书《题画诗轴》，笔法凝练，如棉里裹铁，苍劲沉实。通篇大小错落有致，多处使用了开张的纵逸笔画来打破格局，将变化跌宕自然地融入平淡质朴的书风之中，气致古雅。

朱耷书法发展的高峰期是在年逾古稀之时，此时他喜欢秃笔写作。先不说秀健的峰调实是一般人难以掌握，就是秃笔写字已然很不容易。没有峰尖的笔很难在纸上表现出流畅的笔势及神采，而朱耷恰是把缺点运用成了优点，以悬肘中锋之法来运用秃笔，忽略点画间的固定形式，作品更见老辣圆厚的风姿。总之，与明末清初的书法家相比，朱耷的书法点画简练，结字夸张，疏密对比，虚阔洒脱，超远浑穆，于平淡之中见其书才。当代著名书画家启功先生曾评价朱耷的书法是：“晚明大手笔，亦常见石破天惊之作。然必大声镗，以振聋聩，不若山人之按指发光。”

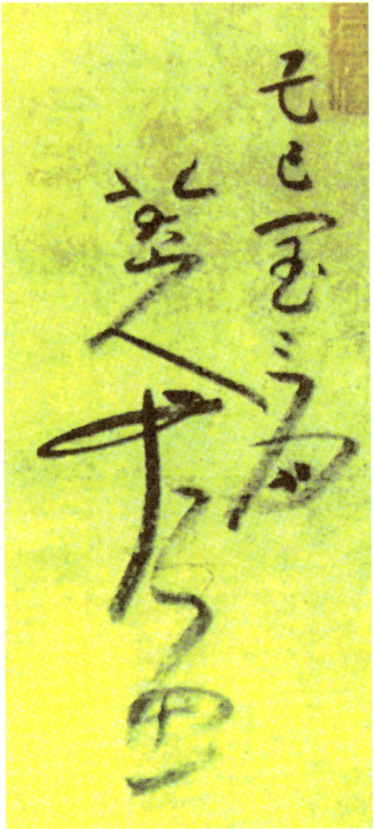
“八大山人”的款识

郑板桥：从寒门中走出来的怪才

对于古人来说，学习的困难不仅在于寒窗十年的刻苦与孤独，也在于学习所需花费的钱财。购买书籍和挑灯夜读所需的灯油，往往是大多数家庭承担不起的巨额开销。而练习书法的花费无疑更高，若想在书法上有所成就，除去每日研习不辍之外，更要有足够的银钱去购置笔墨纸砚这些消耗品，而练习愈加勤勉，耗费也便愈多。或许正是由于这个原因，大部分书法家都为世家子弟。但事情并无绝对，清代郑板桥便是寒门出身的“诗书画三绝”怪才。

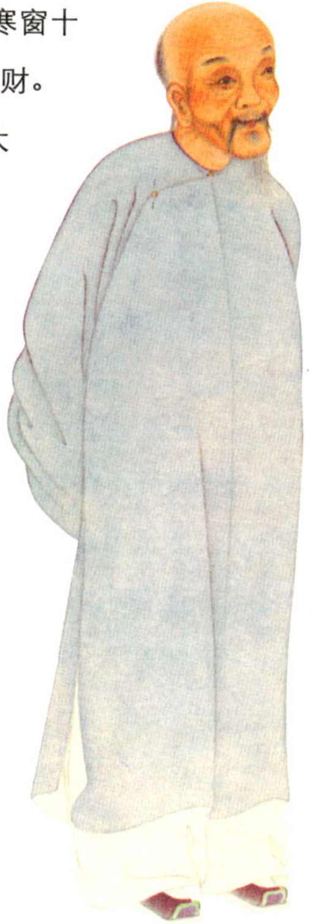

《郑板桥像》叶衍兰（清）

郑板桥（1693—1765），名燮，字克柔，号板桥，江苏泰州兴化人。郑板桥出生时家境已经衰落，4 岁时生母汪夫人去世，生活十分拮据。但郑板桥资质聪慧，八九岁便能在父亲的指导下写文作对，16 岁时跟随同乡前辈陆种园学习填词，20

岁考取秀才，后又开设私塾，以教书为业。30岁时，郑板桥的父亲因穷困而死，此时板桥已经是三个孩子的父亲，生活更加困苦，他在《七歌诗》中自嘲“郑生三十无一营”。此后，为了生活，郑板桥前往扬州卖字画。结果出身平平的他无人赏识，卖字所得银钱仅够勉强度日。而在扬州售卖字画期间，郑板桥的儿子在贫寒中夭折而亡，到39岁时妻子也因病去世，这给郑板桥带来了巨大的打击。可以说，郑板桥的前半生一直在苦难和生离死别中度过。直到40岁时，郑板桥的命运才因中举有所转变，44岁那年又得中进士，再回扬州已是声名鹊起，字画连同旧作都被人们当成墨宝。面对人情冷暖、世态炎凉，郑板桥慨叹不已，特地刻了一方“二十年前旧板桥”的印章盖于作品之上。

郑板桥成名之后，衣着打扮依然十分随便，再加上其貌不扬，所以很多情况下都被视作一文不名的穷酸儒生，其中有一个故事流传颇广。相传有一次郑板桥前往扬州郊外游玩，路过平山堂寺庙便进去瞻仰欧阳修的读书之处。寺中主持见郑板桥穿着粗布外袍，习惯以貌取人的他便认为郑板桥只是一个寻常香客，于是冷冷地道了声“坐”，转过头对泡茶的小和尚说了声“茶”，就默不作声。面对冷遇，郑板桥并不介意，自行欣赏寺庙内的雕刻和字画。主持感觉眼前之人可能是个读书人，于是搭讪几句，聊天之下发现郑板桥谈吐不俗，转而招呼道：“请坐。”同时吩咐小和尚：“敬茶！”恰在这时，寺院里来了一群达官贵人，他们认出了郑板桥，并上前客套寒暄。主持大吃一惊，赶紧笑脸相迎，对板桥打躬合掌说道：“请上坐！”随后又吩咐小和尚：“敬香茶！”郑板桥临走之前，主持拿出纸张笔墨想请他留点墨迹。郑板桥淡然一笑，挥笔写下一副对联：“坐，请坐，请上坐；茶，敬茶，敬香茶。”短短十二字，是郑板桥对势利之人的深深讽刺。

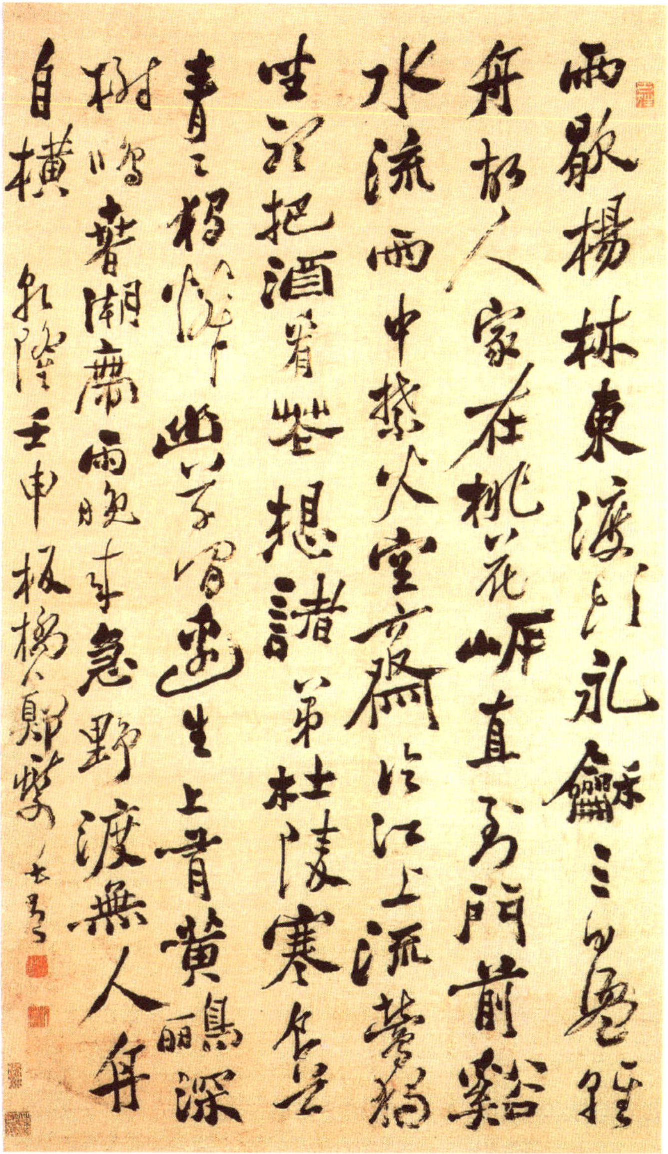

《行书诗轴》郑板桥（清）

此轴是比较典型的“板桥体”，兼有楷书、隶书、行书及绘画笔意。

乾隆六年（1741），即郑板桥中进士后的第六年，他被任命为山东范县县令。公务之余，郑板桥主要在作画写字、修订诗词文集中度过，生活颇为安逸。乾隆十一年（1746），郑板桥调任山东潍县县令，当年恰逢山东发生灾荒，民不聊生。郑板桥主持开挖沟渠、开仓赈灾，得到百姓爱戴。同时，郑板桥严厉打击富豪在灾荒时期囤积居奇、趁机炒高粮价的行为，迫使富家大族平价售粮。但郑板桥也因此得罪了豪族，后来遭人诬告而辞官归隐。

郑板桥为官清廉，从未私吞钱财，有“一肩明月，两袖清风”之誉。他回到故乡后，生活依然清贫，家徒四壁，以至于连窃贼光顾后都只能空手而归。相传一天深夜，细雨敲窗，郑板桥辗转难寐，忽然听到窗外有异响，紧接着有人翻墙入户。郑板桥假装熟睡，在小偷翻箱倒柜时忽然低声吟诗一首：“细雨蒙蒙夜沉沉，梁上君子进我门。腹内诗书存千卷，床头金银无半文。”小偷心想：“原来这里住的是一个又穷又酸的老秀才，不偷也罢。”于是转身出门。郑板桥听到门响，又说：“出门休惊黄尾犬。”小偷便放弃走正门，而他正要爬墙，又听到：“越墙莫损兰花盆。”小偷低头一看，墙头果然有一盆兰花，于是小心翼翼地避开。待到小偷翻墙出户之后，郑板桥又大声吟道：“天寒不及披衣送，趁着月黑赶豪门。”话音刚落，小偷就急匆匆地离去了。以吟诗妙赶小偷，郑板桥当乃神人。

尽管郑板桥家中没有钱财，但其笔墨皆是至宝，为人争抢。有位富豪就一直想得到郑板桥的书作，几次上门高价求字，却都吃了闭门羹。原来此富豪为人粗鄙，却喜欢附庸风雅，郑板桥对其粗俗性格十分不屑，自然不愿意笔墨落入他的手中。富豪不甘心，打听到郑板桥喜欢狗肉后，就在其经常出游的必经之路上买下一间民居，让人煮好狗肉等郑板桥上门。果然，闻到狗肉香味的郑板桥答应了主人邀请而进其家门。待郑板桥酒足饭饱之后，主人请郑板桥留下墨宝。郑板桥欣然答应，当即挥毫泼墨，写下了一副对联。富豪终于心愿得偿。

郑板桥的书法之所以成为众人争相收藏的珍宝，与其不断提升书法水平不无关系。郑板桥早年主要学习欧体楷书，在 23 岁写有《小楷欧阳修秋声赋》，30 岁写有《小楷范质诗》等。观其楷书，字体工整秀劲，但法度严谨、略显拘束，这与当时书坛盛行匀整秀媚的馆阁体，并以此作为科举取士的标准字体有关。而郑板桥自己也曾说过：“蝇头小楷太匀停，长恐工书损性灵。”因此，他中进士以后基本上不再书写此种风格的楷书。最能代表郑板桥楷书特点的是书于乾隆十七年（1752）的《新修城隍庙碑记》。此碑从欧书的基础上发展而来，但一改欧阳询书法的严肃之态，取而代之的是风流蕴藉和欹侧开张，具有极强的写意趣味。

书法取得一定成就后，郑板桥仍不满足，时刻用心揣摩书法的精髓。有一次，他凝神琢磨字的笔画和结构，不经意间竟伸手在其夫人徐氏的背上划来划去。徐氏笑道：“你有你的体，我有我的体，你总在别人的体上划什么？”偶然之语，却深具智慧，板桥也恍然悟出，不能一直在别人的书法体格上“规规效法”。于是，他取黄庭坚之长笔划入八分，夸张其摆宕，又以画兰竹之笔入书，将楷书、隶书、行书和绘画的笔意熔为一炉，创造了独具一格的“板桥体”，即“六分半书”。其很多字都采用了篆隶的写法，古趣盎然；点画苍劲沉厚，强调涩笔的运用，结字稍拔右肩，突出字形纵与扁的对比；章法布局有乱石铺街之称，大大小小，错落有致，即是随势而就，又匠心独具。清代蒋士铨的“写字如作兰，波磔奇古形翩翩”，便生动地道出了“板桥体”的特质。

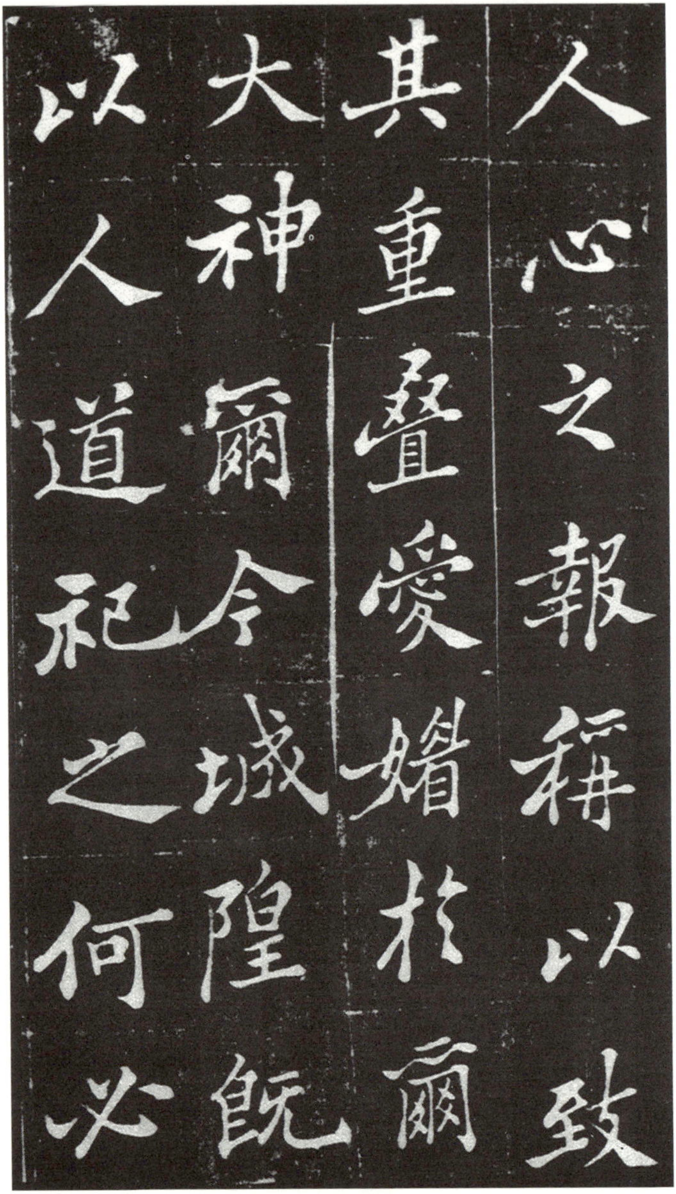

《新修城隍庙碑记》【局部】郑板桥（清）

吴昌硕：尊师重道，虚怀若谷

清末民初是中国历史上的一个特殊时期，一方面人们面临着社会动乱、外国侵略者入侵的局面，另一方面新文化、新思潮也广泛冲击着人们的思想。传统文人在此剧变中，有的因循守旧，有的不断汲取新鲜营养以丰富自身，从而达到新的成就。国画家、书法家、篆刻家吴昌硕就属于后者。

吴昌硕（1844—1927），原名俊、俊卿，字香补，中年以后改字昌硕。吴昌硕出生于一个文人家庭，22 岁时考中秀才，但他无意求官，靠卖字画、刻印为生。29 岁时赴上海、苏州等地，从杨岘学习书法，并于潘祖荫、吴云、吴大澂处得见古代金石碑版和名家字画，眼界大开。光绪二十年（1894），吴昌硕曾为吴大澂幕僚参与中日战争，56 岁时曾被保举为安东县令，仅在任一个月即辞官，此后醉心于书画篆刻，与虚谷、蒲华、任伯年在绘画上并称“清末海派四杰”。1913 年西泠印社成立，吴昌硕被推举为第一任社长，艺名益扬。

吴昌硕学习书法特别用功，他拜杨岘为师学习书法的轶事一直为人所称道。吴昌硕与杨岘早年在吴兴陆心源家认识，那时杨岘已是吴兴有名的“六才子”之一，工书法，精经学，擅诗文，特别是他的“八分书”更是别具一格，二分似隶，八分像篆，遒劲古朴。吴昌硕早

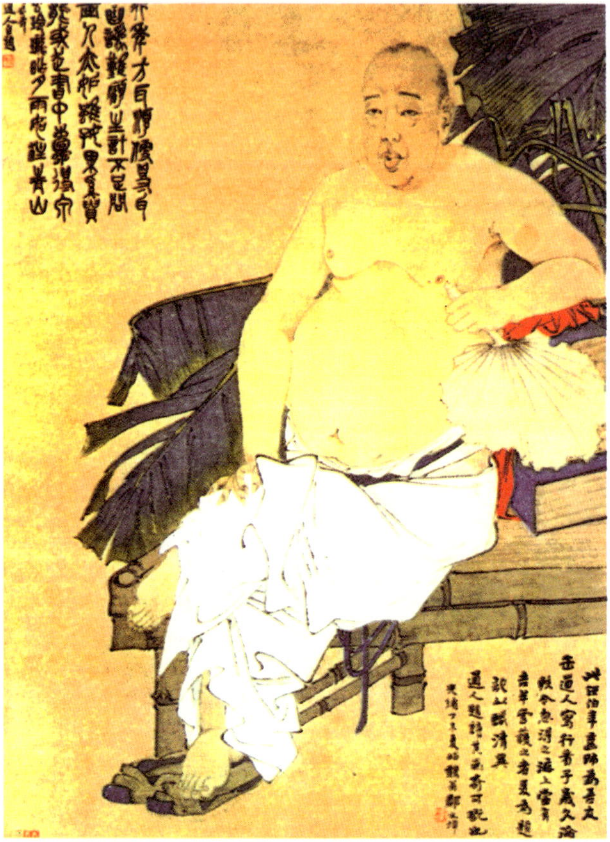

《蕉荫纳凉图轴》之吴昌硕像 任颐（清）

有拜杨岘为师之意，当他辞官漂泊在苏州期间便着手实施这个心愿。一天，他穿戴整齐，庄重地准备了一份大红帖子前往杨岘的住所寓庸斋。杨岘在生活上不拘细节，此时正满头蓬发、布衣不整地迎客，结果见吴昌硕短袖长衫，衣冠楚楚，一进门便拱手长揖、有单膝下跪之意，不禁哈哈大笑道："俊卿兄，你这是干啥呀？"吴昌硕一本正经地回答："我是来拜你为师的！"说话的同时，吴昌硕就要呈上帖子，杨岘连忙制止道：“快收回，快收回，你我同里同艺，何师之有！”吴昌硕只好收回帖子。为了记载这一趣事，吴昌硕专门作了一首诗：“奇文诸子笔，余事八分书，迎客履倒著，说诗头懒梳。”

吴昌硕第一次拜师不成，并不气馁。第二次，他认真用工楷写了一封长信给杨岘，再次请求拜师，列于其门下。杨岘深感吴昌硕的挚诚，表示愿意以兄弟相称，共同切磋艺事，但仍婉言谢绝称师，并在回信中说道：“来函敬悉，如此称谓（指吴称杨为师），未免太俗，拟仿从前沈仲复与藐订交之例，彼此赠物，即俗间之换帖也。犬马齿差长（杨比吴大 25 岁），藐潜称兄，君即吾弟。师生尊而不亲，弟兄则尤亲矣。一言为定，白首如新。”吴昌硕读后深受感动，此后与杨岘诗书往来甚密。吴昌硕客居苏州、上海期间，杨岘不时有诗作寄赠，书画也请吴昌硕题款，并将自著的《迟鸿轩诗集》手稿寄给吴昌硕指疵；吴昌硕则对杨岘推崇备至，常常邀请杨岘教正其金、石、书、画作品。吴昌硕和杨岘深交数十年，但一直师称杨岘，他以“藐翁吾先师”之句题诗作书，并自称“寓庸斋内老门生”。艺术大师尊师重道之忱，虚怀若谷之心，足以传为佳话。

吴昌硕在书法上以篆书最为闻名。吴昌硕酷爱石鼓文，从 30 岁开始就没有间断过对《石鼓文》的研习，他在 65 岁时曾说：“予学篆，临石鼓数十载，从此一日有一日之境界。惟其中古茂雄秀之气，今尚不能窥其一二。”长此以往，他的篆书脱原碑形貌，笔画凝练遒劲，结字纵长，多取左低右高之势。70 岁左右，其篆书臻入妙境，笔画饱满，弹力十足，笔笔逆锋起，自然而收，墨色枯浓变化丰富，笔致极尽苍劲老辣之态。代表作为《篆书七言联》。结字茂密，取势纵长，多左低右高，寓欹侧于稳重之中，将三代钟鼎陶器文字的体势杂糅其间，参差错落而更增其飞动之势。整篇布局往往形成明显的疏密对比，气势更具沉雄之致。吴昌硕所临《石鼓文》对后世影响极大，

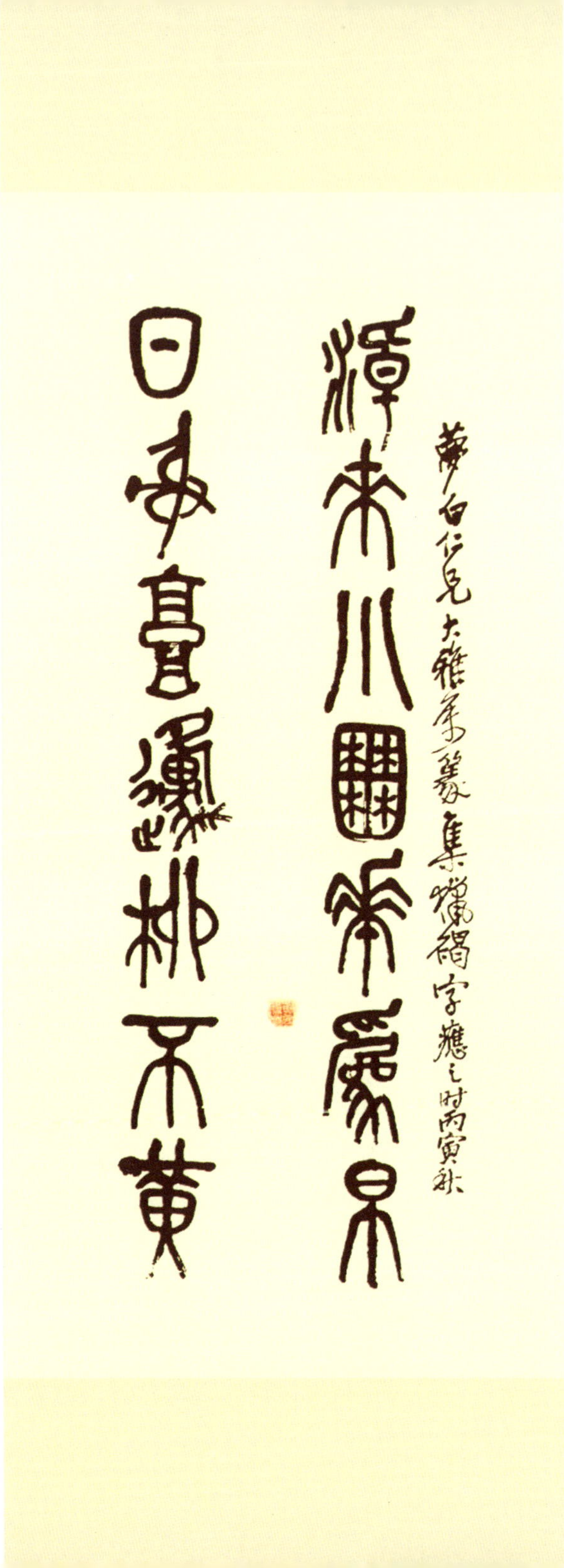

《篆书七言联》吴昌硕（清）

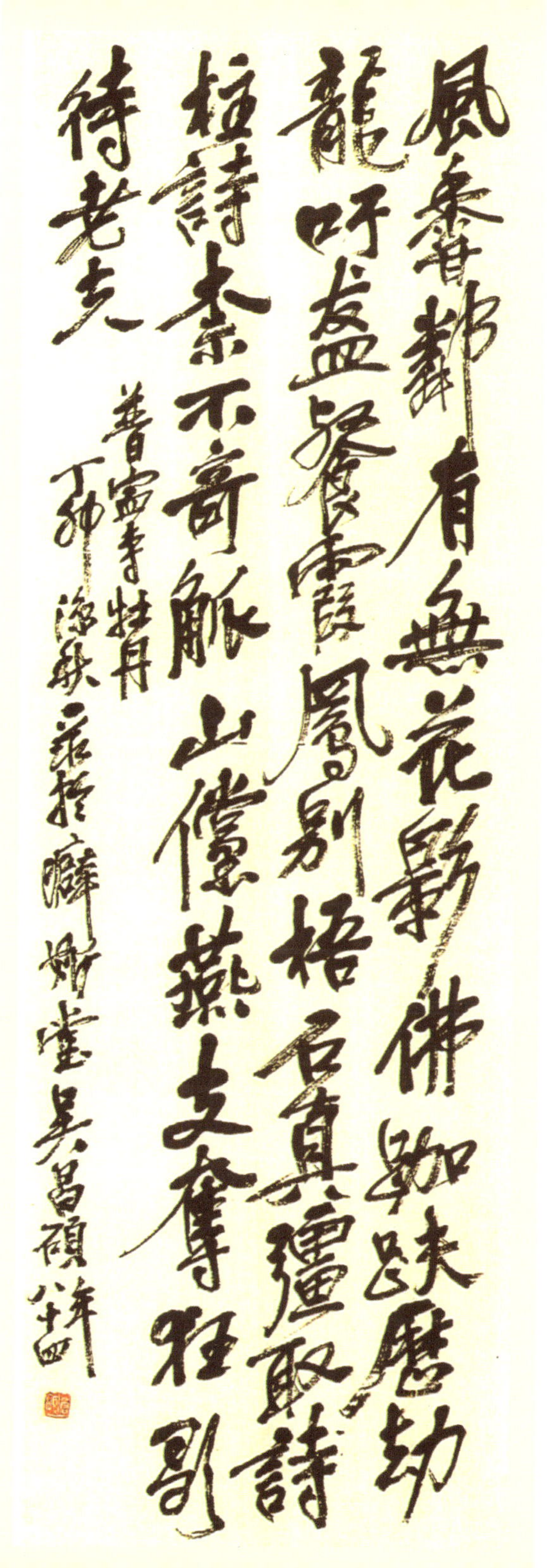

《行书五言诗轴》吴昌硕（清）

是后世学习《石鼓文》的必要参考。

吴昌硕楷书主要得力于钟繇，多为早年作品，笔致清秀健雅，体势略扁，多横向伸展，尤其注意长横的横向贯通，具有很浓的书卷气息，潇洒自如。其行草书初学王铎，后兼融欧阳询、米芾法，特点鲜明。十分突出行的效果，一行之中字间空间极力压缩，多相互连绵，以求其酣畅淋漓，一泻千里之势。这种布局方式当是从明末张瑞图、王铎等人处来。笔法与其篆书笔法很相似，起笔处往往墨浓欲滴，随着笔锋的行进，墨色逐渐由浓至枯，收笔仍然随势而就，下笔果断，劲猛刚利，转折处多棱角分明，折角的角度往往偏小，导致字形多右肩耸拔。整体气势豪放纵逸，跌宕起伏。小字行草手札较之大字更趋绵密，通过浓淡来调整墨色变化，少用枯墨，纵情恣肆，方寸之中见其性情，代表作为《行书五言诗轴》。吴昌硕的篆书与行草书虽书体不同，但其所追求的书法审美情趣是一致的，故二体之间在本质上有血脉关系。

吴昌硕在书法方面的成就，一举奠定了他在清代书法史上的地位，同时很大程度上影响了近现代书法的发展，是清末书坛堪称中流砥柱的大家。